Johanna Opitz
Ronja Rienäcker

Wir

vom
Jahrgang
1998

Kindheit und Jugend

Impressum

Bildnachweis:

Umschlag: Privatarchiv Rienäcker;

Privatarchiv Opitz: S. 5 o., 25 u., 28 o., 41, 42, 45 l./r.o., 47 u., 52, 53 r., 54, 55 o., 56, 58, 59, 60 o., 62 o./u.; Privatarchiv Rienäcker: S. 5 u., 6, 7 o./M./u., 8, 9, 10 u., 11, 15 o./u., 16, 17 o./u., 18, 19, 20, 21, 22 o./u., 23, 24, 25 o., 27, 28 u., 29 r., 30, 31, 32 o./u., 33 u., 34, 35, 36, 37, 39 o./u., 43 l./r., 44, 45 r.u., 47 o., 49, 51, 53 l., 57 l./r., 60 u., 61, 63; Privatarchiv Winnubst: S. 10 o.; Privatarchiv Borghese: S. 12; Privatarchiv Schröder: S. 29 l.; Privatarchiv Behmenburg: S. 40;

picture alliance / picture alliance: S. 13 l.; picture alliance / dpa / Ufa Cinema: S. 13 r.; picture alliance / dpa Themendienst / Franziska Gabbert: S. 46; ullstein bild – wolterfoto: S. 33 o.; ullstein bild – RIA Novosti: S. 48; ullstein bild – Westend61/WESTEND61: S. 55 u.

4. Auflage 2024
Alle Rechte vorbehalten, auch die des auszugsweisen
Nachdrucks und der fotomechanischen Wiedergabe.
Gestaltung und Satz: r2 | Ravenstein, Verden
Druck: Druck- und Verlagshaus Thiele & Schwarz GmbH, Kassel
Buchbinderische Verarbeitung: Buchbinderei S. R. Büge, Celle
© Wartberg-Verlag GmbH
34281 Gudensberg-Gleichen • Im Wiesental 1
Telefon: 056 03/9 30 50 • www.wartberg-verlag.de
ISBN: 978-3-8313-3098-0

Vorwort
Liebe 98er!

Wenn wir heute an unsere Kindheit und Jugend zurückdenken, fallen uns auch verschiedene Trends ein, die uns auf dem Weg des Erwachsenwerdens begleitet haben. Wir denken an Hörspielkassetten und Filme auf VHS. Wir denken an Walt Disney, der uns mit seinen Filmen faszinierte und unsere Herzen berührte, wir denken an 4You, unseren treuen Begleiter in der Schule, wir denken an Handys und Smartphones, die uns wie im Sturm erobert haben und für uns ein täglicher Begleiter geworden sind. Kurz gesagt, denken wir an viele Modeerscheinungen, die einfach auftauchten und unsere kleinen Herzen begeisterten. Wir fingen früh an, das Internet zu erkunden, plötzlich hatte fast jeder ein Profil bei SchülerVZ und guckte Videos auf YouTube. Auf SVZ folgten Facebook, dann Instagram und Twitter. Wir entwickelten unsere eigene Internetsprache, welche sich auch im Alltag wiederfinden ließ wie HDGDL, LOL oder ABF. Per WhatsApp kommunizierten wir im Sekundentakt mit unseren Freunden. Wir entdeckten Spieleseiten wie Spieleaffe für uns, begannen unsere eigene Farm bei Good Game Farmer aufzubauen und spielten Schicksal mit unseren Sims.

Jedoch auch außerhalb des Bildschirms entdeckten wir viele solcher Trends: Gärten wurden mit Trampolin und Baumhaus aufgepeppt, auf den Straßen fuhren wir Skateboard, Einrad und Waveboard. Um unsere Erinnerungen festzuhalten, machten wir fast immer und überall Fotos, diese teilten wir auch auf unseren SVZ- und Facebookprofilen mit unseren Freunden. War das Wetter einmal nicht so gut, setzten wir uns in den nächsten Bubble-Tea-Laden. Als es die nicht mehr gab, tranken wir einen Milchkaffee oder Milchshake im Coffeeshop und besprachen die letzte Party oder planten die nächste.

Und plötzlich leuchteten 18 Kerzen auf unserem Geburtstagskuchen und wir standen vor einer Menge Entscheidungen: Ausbildung oder Abitur, Arbeiten oder Studieren, Weltreise oder eigenes Auto …? Wir hatten die Wahl und konnten unseren Weg selbst bestimmen. Viel Spaß auf dieser Zeitreise!

Johanna Opitz   Ronja Rienäcker

1998-2000

Klein, aber oho!

Die Vorletzten des alten Jahrtausends

Unser Geburtsjahr 1998 war ein Jahr voller Neuheiten und Veränderungen und das nicht nur, weil wir fortan das Leben unserer Umgebung auf den Kopf stellen sollten. 1998 war auch das Jahr, in dem Google gegründet wurde und die europäische Zentralbank. Es war das Jahr, in dem der New Beetle auf den Markt kam und das Telefonmonopol der Deutschen Telekom aufgehoben wurde. Und es war das Jahr, in dem die neue deutsche Rechtschreibung eingeführt wurde und „Einheitskanzler" Helmut Kohl (CDU) einer rot-grünen Regierung unter Gerhard Schröder Platz machen musste; Rot-Grün wurde auch prompt zum Wort des Jahres. Und irgendwo dazwischen erblickten in Deutschland wir 785 034 Mädchen und Jungen das Licht der Welt.
Die meisten von uns kämpften sich unter Höchstanstrengungen unserer Mütter

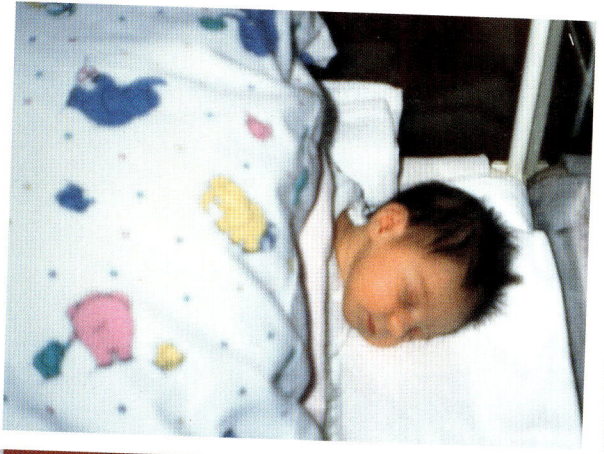

Chronik

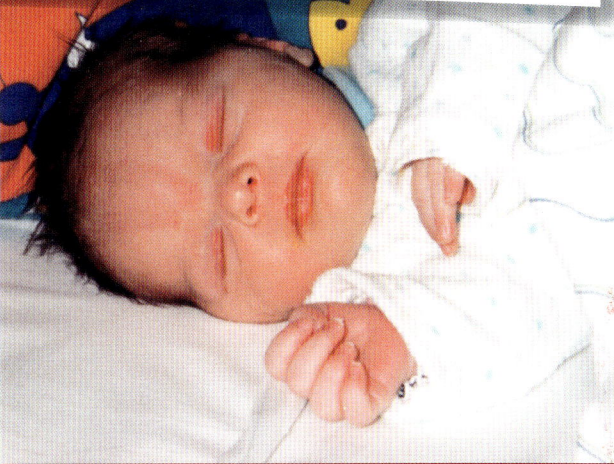

Ganz schön anstrengend, so eine Geburt.

und meist angefeuert von unseren
Vätern in einem Krankenhaus auf
diese Welt. Doch auch immer mehr
Eltern hatten sich für eine „natürliche"
Geburt in einem von Hebammen
geführten Geburtshaus oder gar für
eine Hausgeburt im eigenen Schlaf-
zimmer entscheiden. Manche von uns
hatten es gar so eilig, dass die Mütter
es nicht mehr bis in den Kreißsaal
geschafft haben, andere wiederum
wollten den Mutterleib noch nicht so

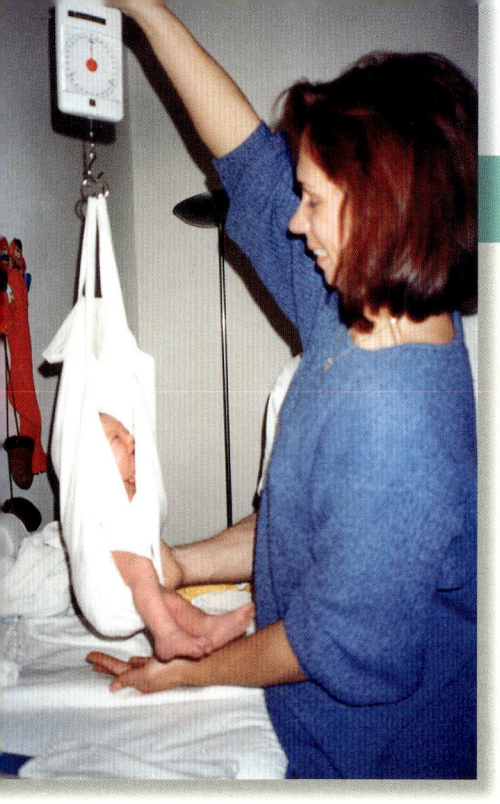

recht verlassen und ließen sich ein bisschen mehr Zeit. Wo und wie auch immer wir in diese Welt traten, wir sorgten überall für große Begeisterung in unserer Umgebung.

Denn schließlich hatten unsere Eltern neun lange Monate auf uns gewartet, sich die Zeit mit Geburtsvorbereitungskursen, an denen meistens auch die Väter teilnahmen, und mit allerlei Besorgungen für unsere Erstlingsausstattung wie Bodys, Strampler, Mützchen, Kinderwagen und Autositzschale vertrieben. Sie hatten die Wohnung umgeräumt und uns eine kleine Ecke oder gar ein ganzes Zimmer mit Wickelkommode, Babybettchen, Mobile, Spieluhr und Co. eingerichtet. Sie hatten Ratgeber gewälzt, um auch alles richtig zu machen, und Namensbücher studiert, um uns den schönsten aller Namen zu verpassen. Und so hören heute viele von uns auf so schlichte und klassische Namen wie Jan oder Julia, Lena oder Leon, Anna oder Paul, Hannah oder Lukas, Marie oder Felix usw.

Nun waren wir also da und alles wurde für unsere Eltern ganz anders als erwartet. Schlaflose Nächte, volle Windeln und Hungergeschrei hielten sie mehr auf Trab, als sie es sich vorgestellt hatten. Aber mit nur einem klitzekleinen Lächeln schafften wir es, unsere Umgebung immer wieder in Begeisterung zu versetzen.

Schreihälse, Speikinder und Schlafmützen

Natürlich waren wir Babys des Jahrgangs 1998 alle ganz unterschiedlich: Mancher Schreikind, mancher Speikind (oder gar beides) und mancher Schlafkind. Letzteres war unseren Eltern natürlich am liebsten und so experimentierten sie lange und viel herum, lasen abermals Ratgeber, um uns schöne lange Schlum-

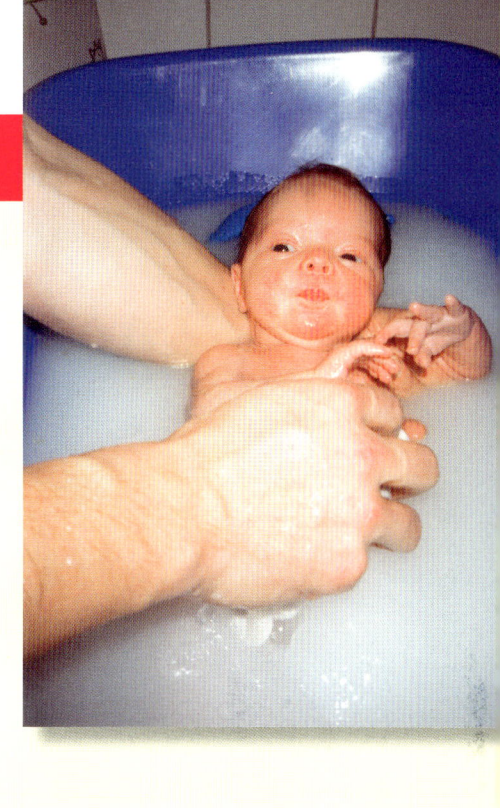

merstunden zu bescheren. Während die
einen von uns nur auf dem Arm von
Mama oder Papa zur Ruhe kamen,
schliefen andere am liebsten im Kinderwagen, wieder andere mussten im Auto
herumgefahren oder auf die rotierende
Waschmaschine gelegt werden, damit sie
die Äugelein schlossen. Für manche ging
nichts ohne den geliebten Schnuller,
andere ließen ihren Saugdrang an ihrem
Daumen aus. Aber alle nuckelten wir
gerne an der Brust oder am Fläschchen.
Inzwischen wurde das Stillen nach Bedarf
gegenüber der Fläschchenfütterung von
Hebammen und Ärzten allen Müttern
wärmstens ans Herz gelegt, denn die
Muttermilch sollte nicht nur am nahrhaf-
testen sein, sondern auch der beste
Schutz für unsere Gesundheit.

Schreien macht müde.

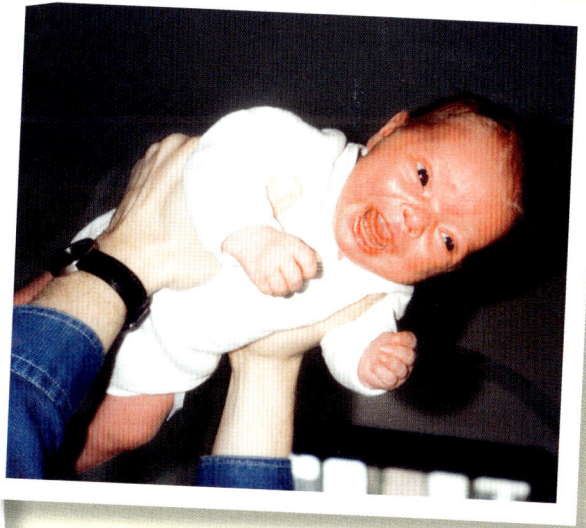

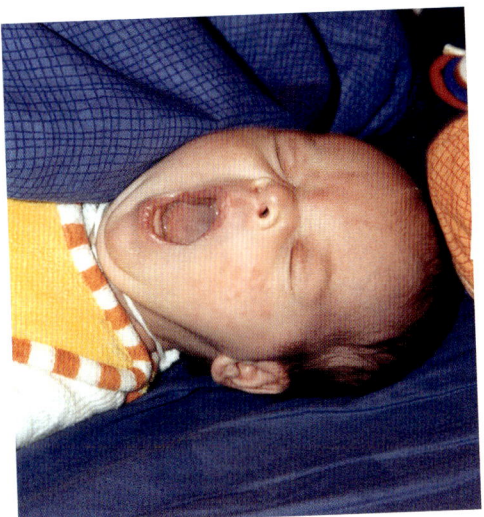

Rechtschreibreform

In unserem Geburtsjahr, am 1. August 1998 tritt nach über 20 Jahren Vorarbeit die neue Rechtschreibreform in Kraft, die in einer Übergangzeit von sieben Jahren umgesetzt werden soll. Die Reform sieht eine Veränderung der Schreibregeln vor, z. B. über den Gebrauch von „ss" oder „ß" (dass statt wie früher daß oder Fass statt Faß), über die Verwendung von Dreifachkonsonanten (früher Schiffahrt, heute Schifffahrt), über die Schreibweise von Fremdwörtern (Delfin statt Delphin), über die Auseinanderschreibung zusammengesetzter Wörter, über Zeichensetzung und Worttrennung.

Die Reform bringt viele Gegner auf den Plan. Soll sie eigentlich die deutsche Rechtschreibung vereinfachen, scheinen manche Regeln noch komplizierter geworden zu sein.

Nach weiteren Überarbeitungen sind seit 2007 in ganz Deutschland die Regeln der Reform der Reform (also die reformierte Rechtschreibreform) verbindlich. Wir 98er kennen sie zum Glück nicht anders!

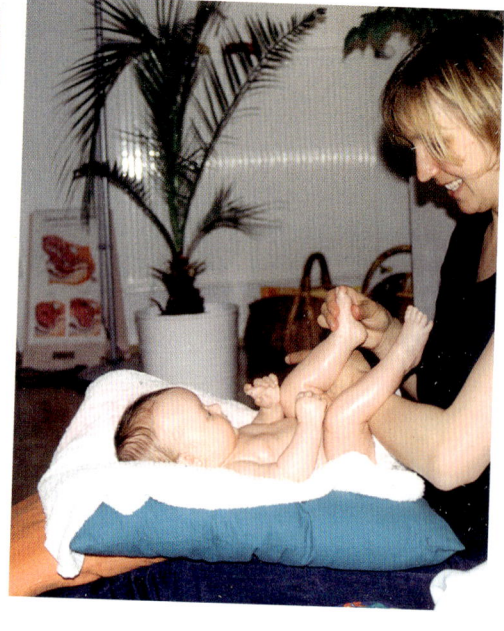

Der Babymassagekurs gehörte zu unseren ersten Terminen.

Termine, Termine

Wir waren zwar noch klitzeklein, hatten aber schon jede Menge Termine. Denn unsere engagierten Eltern waren um unsere körperliche und geistige Entwicklung und die Förderung unserer Talente sehr bemüht: So besuchten sie mit uns schon im Alter von wenigen Wochen Schwimm- und Babymassagekurse sowie Krabbelgruppen, in denen wir mit Gleichaltrigen auf dem Boden herumzappelten, an bunten Gegenständen lutschten und unseren singenden, klatschenden oder quatschenden Müttern lauschten. Besonders beliebt war „PEKIP", das Prager Eltern-Kind-Programm, bei dem wir splitternackt auf dem Boden lagen und unsere Umgebung mit allen Sinnen wahrneh-

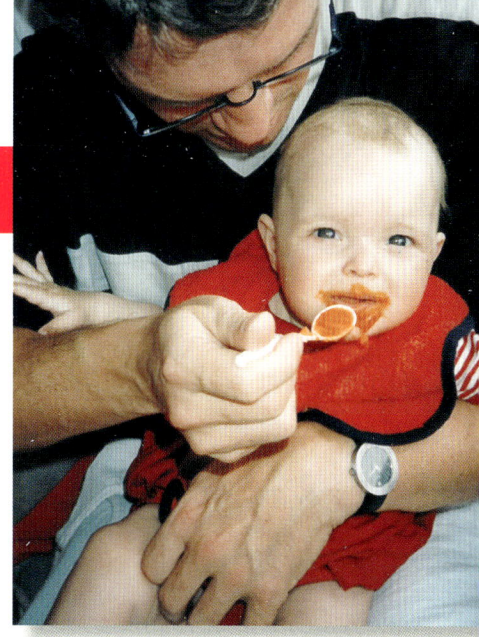

men sollten. Was wäre nur aus uns geworden ohne dieses frühkindliche Förderprogramm?!

Bald schon begannen wir unsere Umwelt zu erkunden, zunächst kullernd, dann robbend, schließlich rutschend oder krabbelnd auf allen vieren. Allmählich war nichts mehr vor uns sicher, wir zogen die untersten Küchenschubladen auf – was gab es da für tolle Dinge zu entdecken? Plastikdosen, Töpfe oder Kochlöffel, mit denen man wunderbar Lärm machen konnte. Wir zogen uns an Tischbeinen hoch, um alles von der Tischplatte zu fegen, was für uns erreichbar war – das machte ein tolles Geschepper!

Sitzen konnten wir natürlich auch schon und so thronten wir stolz in unserem neuen Kinderhochstuhl, wenn wir unser erstes Breichen gefüttert bekamen. Denn von der Milch wurden wir mittlerweile nicht mehr satt. Aber natürlich waren wir von früh an wählerisch, was das Essen betraf. Da konnten sich unsere Eltern noch so viel Mühe beim Kochen und Pürieren von frischem Bio-Gemüse geben – was uns nicht schmeckte, wurde verweigert oder wieder ausgespuckt. Bald schon bekamen wir mit, dass unsere Tischgesellschaft ganz andere Dinge auf dem Teller hatte, als uns serviert wurden. Das „andere" wollten wir auch – kleine Brotstücke mit Käse oder Wurst zum Beispiel, wobei das Brot meist auf dem Boden landete und nur der leckere Belag in unserem Mund. Mit lautem Löffelgeklopfe auf der Tischplatte verliehen wir unserem Willen Nachdruck und wenn uns nicht das Gewünschte gereicht wurde, landete eben alles auf dem Boden. Das machte uns einen Riesenspaß, unseren Eltern aber weniger.

Immer auf Entdeckungstour

Täglich an die frische Luft, diese Devise gilt ja bei allen Eltern schon seit Menschengedenken. So blieben auch wir nicht davon verschont. Unsere anfänglichen Ausfahrten im Kinderwagen verbrachten wir meist noch schla-

fend. Gerne ließen wir uns im Tragetuch oder dem Babybjörn auf dem Bauch oder Rücken unserer Mütter oder Väter herumtragen, das war schön warm und gemütlich und rausgucken konnten wir auch. Irgendwann wollten wir mehr sehen von unserer Umgebung, sodass unsere Eltern uns fortan im Sportwagen oder Buggy herumfuhren. Schwer im Kommen waren gerade dreirädrige Babyjogger, mit denen unsere Eltern über Stock und Stein fahren und sogar einhändig schiebend joggen konnten.

Doch kaum, dass wir laufen konnten, akzeptierten wir das ständige Liegen oder Sitzen in der Karre nicht mehr, wofür hatten wir schließlich selber zwei Beine? Also kletterten wir aus dem Gefährt heraus und untersuchten jedes Steinchen, jeden Strauch und jeden Hund am Straßenrand. So kamen unsere Eltern zwar langsamer ans Ziel, aber wir entdeckten eine Menge neuer, spannender Dinge.

Schneller voran ging es, wenn wir mit unserem neuen Dreirad oder – noch besser – mit dem roten Bobby-Car unterwegs waren. Dann gab es für uns kein Halten. Mit unseren kleinen Füßen gaben wir so viel Gas, dass kein Fußgänger mehr vor uns sicher war, denn die Sache mit dem Bremsen und Lenken bei voller Fahrt erwies sich doch als etwas schwierig. Unsere Aufpasser hechteten also hinter uns her, um größere Zusammenstöße abzuwenden. Unser Schuhverschleiß durch das Bremsen mit den Füßen war übrigens enorm, weswegen schnell Schuhschoner – harte Plastikkappen, die mit Gummizug am Fuß befestigt wurden, her mussten.

Auch zuhause waren wir mittlerweile ständig auf Erkundungstour: Regale wollten ausgeräumt, Schränke inspiziert und die Stereoanlage, der

Mit dem Bobby-Car die Welt entdecken.

Fernseher oder der Computer an- und ausgestellt werden: Wir interessierten uns eben schon früh für technisches Gerät. Unsere Aufpasser mussten ihre Augen überall haben oder – um ein paar ruhige Minuten zu genießen – uns mal an einem sicheren Ort verwahren: im Laufstall oder Gitterbettchen. Das fanden wir meist weniger gut, blieb uns also nur, das Klettern schnell zu erlernen, um uns aus dieser misslichen Lage zu befreien.

An kindgerechtem, ökologisch verträglichem und pädagogisch sinnvollem Spielzeug mangelte es uns meist nicht: Plüschtiere, Puppen, Holzspielzeuge, Duplo-Steine und Puzzles ließen wir aber gerne mal links liegen, wenn wir eines dieser elektronischen Geräte in die Finger bekamen, mit denen man auf Knopfdruck so herrlich schrille Töne erzeugen konnte – sehr zum Leid unserer Eltern.

Ohne die Matschhose ging draußen gar nichts.

Bei der Tagesmutter konnten
wir spielen und toben.

Kinderkrippe, Tagesmutter oder Oma

Wenn der Erziehungsurlaub unserer Eltern vorbei war, und sie wieder ihrem
Beruf nachgehen wollten oder mussten, bevor wir einen Kindergartenplatz
bekamen, musste eine Betreuung für uns gefunden werden. Waren Großeltern
in der Nähe, so übernahmen sie diesen Job gerne. Ansonsten wurden wir in
einer Kinderkrippe angemeldet, die es in den neuen Bundesländern häufiger,
in den alten aber eher selten gab. Oder unsere Eltern suchten eine liebe
Tagesmutter, die uns stunden- oder tageweise betreute und zu der meist noch
andere Kinder kamen. Zwar taten wir uns mit der Trennung von unseren Eltern
erst mal schwer, aber bald schon genossen wir die aufregenden Stunden und
freuten uns auf unsere neuen Freunde, mit denen wir zusammen spielen,
basteln, malen, essen, lachen und streiten konnten. Manchmal waren wir
davon so erschöpft, dass wir schon beim Essen mit dem Kopf auf der Tischplatte einschliefen.

*Auch unser Jahrgang: Kinostar
Jonas Hämmerle alias Wickie.*

*Jana und Sophia Münster alias
Hanni und Nanni waren die Vorbilder
vieler Altersgenossinnen.*

98er Promis

4. Januar: **Jonas Hämmerle**, *deutscher
Schauspieler. Er war der Darsteller von
Wickie in der Realverfilmung „Wickie und
die starken Männer" (2009).*

14. Januar: **Nick Romeo Reimann**,
*deutscher Schauspieler, er wurde bekannt
durch seinen Seiteneinstieg beim Kinoer-
folg „Die Wilden Kerle" in der Rolle des
Nerv sowie durch die Rolle des Hannes in
der dreiteiligen Neuverfilmung des
Jugendromans „Vorstadtkrokodile". 2012
spielte er im Film „Türkisch für Anfänger"
Nils Schneider.*

15. Februar: **Zachary Adam Gordon**,
*US-amerikanischer Schauspieler. Er
wurde bekannt durch die Rolle des Greg
Heffley in den Verfilmungen von „Gregs
Tagebuch".*

28. Februar: **Jana und Sophia Münster**,
*deutsche Schauspielerinnen und Zwil-
linge. Sie spielten die Titelrollen der Hanni
und Nanni in den drei gleichnamigen
Kinoverfilmungen (2010, 2011 und 2012).*

5. Juni: **Julija Wjatscheslawowna Lipniz-
kaja**, *russische Eiskunstläuferin. Sie wurde
mit der russischen Mannschaft 2014 als
jüngste Eiskunstläuferin aller Zeiten im
Alter von 15 Jahren Olympiasiegerin und
war 2014 Europameisterin im Einzellauf.*

8. Juli: **Jaden Smith**, *US-amerikanischer
Schauspieler. Er spielte an der Seite seines
Vaters Will Smith in „Men in Black II" (2002)
mit und war Hauptdarsteller in „Karate
Kid" (2010).*

9. Juli: **Robert Capron**, *US-amerikanischer
Schauspieler. Er wurde bekannt durch
seine Rolle als Rowley Jefferson in den
Verfilmungen von „Gregs Tagebuch".*

1998: **Nojoud Ali Muhammed Nasser**,
*auch Nodschud Ali. Sie ist eine jemeniti-
sche Aktivistin und Autorin, die mit zehn
Jahren die Scheidung ihrer Zwangsehe
mit einem 22 Jahre älteren Mann durch-
setzte und über ihr Schicksal mit Hilfe
einer französischen Journalistin ein Buch
(Bestseller) schrieb.*

1. bis 3. Lebensjahr

2001-2003
Kita, Schnucketüten und Mama-Taxi

Endlich drei: Kindergarten, wir kommen!

Im ersten Jahr des neuen Jahrtausends wurden wir drei Jahre alt und das bedeutete, dass wir in den Kindergarten gehen durften. Die einen fanden das richtig toll, die anderen weniger. Aufregend war es aber für uns alle!

Alles fing schon mit der Vorfreude auf unseren dritten Geburtstag an, denn er war für uns das erste Fest, das wir richtig bewusst wahrnahmen und dem wir ganz aufgeregt entgegenfieberten. Wir hatten ja schon zwei Jubiläen hinter uns, doch mit ein oder zwei Jahren wussten wir weder mit den Kerzen auf dem Kuchen noch mit den Geschenken so richtig etwas anzufangen. Aber jetzt wurden wir drei Jahre alt, das konnten wir sogar schon selber mit unseren Fingern zeigen! Und mittlerweile hatten wir auch herausbekommen, wie toll es ist, Geschenke auszupacken, vom Kuchen zu naschen und mit drei, vier

Chronik

11. September 2001
Bei Terroranschlägen auf das World Trade Center in New York und auf das Pentagon sterben über 3000 Menschen.

16. März 2001
Das deutschsprachige Wikipedia wird gegründet.

23. Oktober 2001
Der iPod von Apple kommt auf den Markt.

1. Januar 2002
Der Euro wird als neue Währung in Deutschland und elf weiteren Ländern in Umlauf gebracht.

29. Januar 2002
US-Präsident George W. Bush bezeichnet in seiner Rede zur Lage der Nation die Länder Nordkorea, Irak und Iran als „Achse des Bösen".

11. August 2002
Die Jahrhundertflut an Donau, Elbe und ihren Nebenflüssen verursacht Schäden in Milliardenhöhe.

26. April 2002
Beim Amoklauf von Erfurt tötet der Schüler Robert Steinhäuser 16 Menschen am Gutenberg-Gymnasium und sich selbst.

12. Oktober 2002
Bei einem Bombenanschlag auf eine Diskothek auf Bali werden 202 Menschen getötet und 209 verletzt.

1. Februar 2003
Die Raumfähre Columbia zerbricht kurz vor ihrer Landung auf Cape Canaveral, die sieben Besatzungsmitglieder kommen ums Leben.

13. März 2003
Der Bundestag beschließt eine Verlängerung der Öffnungszeiten von 18 Uhr auf 20 Uhr.

24. März 2003
US-Präsident George W. Bush kündigt in einer Vier-Minuten-Rede den Beginn des Krieges gegen den Irak an.

13. September 2003
Der irakische Diktator Saddam Hussein wird in Tikrit festgenommen.

Drei Kerzen … und drei Kinder.

kleinen Freunden ein Riesenchaos in unserem Kinderzimmer anzurichten. Fortan sollte unser eigener Geburtstag für uns das größte Fest im Jahr sein, noch vor Weihnachten!

Wenige Zeit nach unserem dritten Geburtstag kam also der Tag, an dem uns Mama oder Papa in dieses Gebäude mit den vielen bunt bekleb-

Im Kindergarten fanden
wir neue Freunde.

ten Fenstern und dem großen Garten brachten, in dem es vor Kindern nur so wimmelte. Etwas verschüchtert klammerten wir uns an der elterlichen Hand fest. Manche von uns verdrückten auch ein paar Tränen. Doch kaum, dass wir ein bekanntes Gesicht aus der Nachbarschaft entdeckt hatten oder die nette Erzieherin uns mit in die Vorleseecke genommen hatte, war alle Angst vergessen. Nur zwischendurch mal bekamen wir vielleicht ein ganz klein bisschen Heimweh. Das sollte sich aber bald legen, denn im Kindergarten war immer jede Menge los und wir fanden schnell viele neue Freunde.

In der Ideenwerkstatt

Fortan bestimmte der Kindergartenrhythmus unser Leben: Ankommenszeit, freie Spielzeit, Sitzkreis, Frühstückspause, Rausgehzeit, Bastelzeit, Vorlesestunde usw. Und auch das Jahr bekam mit all seinen Themen und Höhepunkten einen festen Rhythmus: Angefangen von Karneval über die Osterzeit, das Sommerfest, den Laternenumzug bis hin zu Nikolaus- und Weihnachtsfeiern. Darüber hinaus gab es noch die kleineren Highlights wie Waldtage, Schwimmbadbesuche und Gruppenausflüge in Museen, Theater oder Tierparks. Also keine Spur von Langeweile!

Bei diesem großen Angebot lernten wir so viel Neues und entwickelten uns zu wahren Künstlern: ob zu Ostern, zum Muttertag, zu Weihnachten oder

Tolle Feste wurden im Kindergarten gefeiert.

einfach nur, weil Dienstag war, unsere Kreativität kannte keine Grenzen und das Spektrum unserer Kunstwerke reichte von Bildern und Collagen über Kastanienmännchen, Laternen, Pappmachéfiguren, Faltsternen und Zusammengeklebtem aus allerlei Gebrauchsgegenständen. Unsere Eltern und Großeltern wurden das ganze Jahr über reichlich von uns beschenkt und wehe, wenn das Selbstgemachte keinen würdigen Platz im Wohnzimmerregal bekam oder gar im Altpapier wieder auftauchte!

Natürlich trieben wir jede Menge Unfug, schnitten uns mit der Bastelschere die Haare, klebten mit Uhu selbstgemachte Aufkleber an die Wände, bissen in die Wachsmalstifte oder vertauschten alle Zahnbürsten. Der Ärger danach war riesengroß und erst unser schlechtes Gewissen! Heute wissen wir, dass unsere Eltern sich bei der Standpauke das Lachen kaum verkneifen konnten.

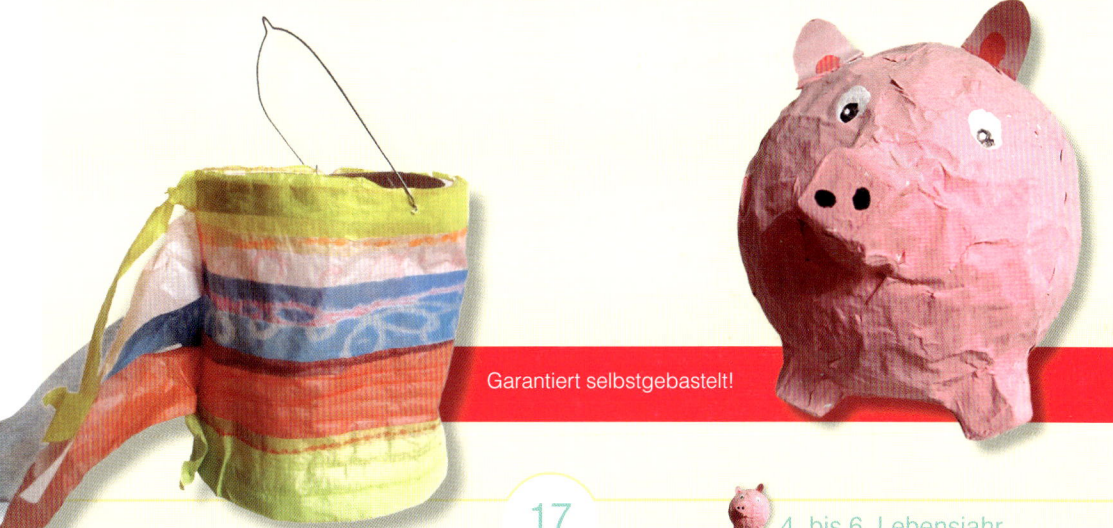

Garantiert selbstgebastelt!

17

4. bis 6. Lebensjahr

Von der D-Mark zum Euro

In unserem Geburtsjahr, am 20. Juni 1998 feiert die D-Mark ihren 50. Geburtstag. In ihren 50 Lebensjahren entwickelt sich die D-Mark zu einer harten und stabilen Währung, die nach dem US-Dollar zur wichtigsten Währung der Weltmärkte wird. Fast zehn Jahre nach der deutschen Wiedervereinigung, am 1. Januar 1999 ist jedoch ihr Ende fast gekommen: In Deutschland und zehn weiteren europäischen Ländern wird eine neue Währung, der Euro, zunächst als Buchgeld eingeführt. Zum 1. Januar 2002 löst der Euro die D-Mark auch als Bargeld ab.

Wir 98er haben die D-Mark nicht mehr bewusst kennengelernt, denn unser erstes Taschengeld wurde uns schon in Euro ausgezahlt.

Spiele, Sport und Mama-Taxi

Wenn wir aus dem Kindergarten abgeholt wurden, hatten wir immer noch nicht genug vom Spielen. Schnell hatten wir gelernt, unsere Verabredungen – die bisher noch unsere Mütter für uns getroffen hatten – selbst zu machen. Wenn dann Mama oder Papa zum Abholen kam, hieß es: Kann Paula heute zu mir

Wir verabredeten uns zuhause.

kommen? Oder: Kann ich heute zu Leon gehen? Dann klärten unsere Eltern untereinander ab, wer wann zu wem … und wir waren glücklich.

Manchmal hatten wir aber auch Termine, z. B. Kinderturnen, Fußball, Ballett oder Musikschule. Das Freizeitangebot für Kinder war groß und wir probierten auch fast alles durch. Meistens waren es unsere Mütter, die im Zweitberuf ein kleines privates Taxiunternehmen leiteten und uns von A nach B kutschieren mussten.

Von Schatzsuchen und Schnucketüten

Bei so vielen Freunden mangelte es nicht an Einladungen zu Kindergeburtstagen. Darauf freuten wir uns immer besonders, denn es wurde für uns eine Menge aufgeboten. Waren alle Gäste eingetrudelt, wurde meistens erst einmal Flaschendrehen gespielt, um die Geschenke zu überreichen: Dabei saßen wir alle im Kreis und derjenige, auf den der Flaschenhals zeigte, durfte dem Geburtstagskind sein Päckchen überreichen. Das wurde natürlich sofort aus der liebevollen Verpackung befreit und begutachtet und, zack, ging es auch schon weiter. Anschließend gab es Kuchen, Muffins, Waffeln, Schokoküsse oder andere Leckereien, der frische Obstteller wurde meist ignoriert. Nun konnten wir aber auch nicht mehr stillsitzen, die ersten Kinder lagen schon unterm Tisch und die Kaffeetafel verwandelte sich in eine chaotische Szenerie, wir waren nur noch schwer zu bändigen. Also wurden drinnen oder draußen Spiele gespielt wie Topfschlagen, Dosenwerfen, Kinderdisko … oder noch besser, eine Schatzsuche gestartet. Dabei mussten wir bunten Kreidepfeilen von Station zu Station folgen und besondere Aufgaben erfüllen – z. B. auf

einem Bein hüpfen oder knifflige Fragen beantworten. Schließlich gelangten wir zu dem Schatz, der noch aus seinem Versteck geborgen werden musste. Meist bestand er aus kleinen Spielzeugen und Süßigkeiten, die wir am Ende des Tages mit nach Hause nehmen durften. Wieder zurück, gab es häufig noch ein leckeres Abendessen wie Hotdog mit Pommes oder Nudeln mit Tomatensoße, bevor es auch schon schellte und unsere Eltern – wie wir fanden, viel zu pünktlich – auf der Matte standen. Nach so einem aufregenden Nachmittag waren nicht nur wir, sondern auch die Eltern des Geburtstagskindes total geschafft.

9/11

Am 11. September 2001 entführen Terroristen vier amerikanische Verkehrsflugzeuge, sie steuern zwei in die Türme des World Tradecenter in New York und eines in das Pentagon in Virginia. Das vierte Flugzeug, das wahrscheinlich ein Regierungsgebäude in Washington treffen soll, wird zum Absturz gebracht. Die Twin Towers gehen in Flammen auf und fallen in sich zusammen, über 3000 Menschen sterben bei den Anschlägen. Der Anschlag, der auf das Konto der islamistischen Terrororganisation Al-Qaida, angeführt von Osama Bin Laden, geht, verändert die Welt und zieht neue Kriege und noch sehr viele Opfer nach sich.

Nachdem Afghanistan ablehnt, Bin Laden an die USA auszuliefern, beginnt die US-Armee am 7. Oktober 2001 mit Bombenangriffen auf Taliban-Stellungen in Afghanistan. Bin Laden wird jedoch erst zehn Jahre später aufgespührt und erschossen.

Alles, was Räder hat

Auf unserem Bobby-Car flitzten wir immer noch gerne durch die Wohnung oder vor dem Haus entlang, doch so langsam wurden unsere Beine dafür zu lang. Das Dreirad war uns mittlerweile sowieso zu langsam. Jetzt schielten wir auf den schönen roten Puky-Roller, mit dem die größeren Kinder vor uns davonrasten. So einen wollten wir auch haben! Oder noch besser ein Laufrad aus Holz, das fast schon wie ein Fahrrad aussah, nur ohne Pedale und ohne Klingel, und bei dem man ähnlich wie beim Bobby-Car mit den Füßen Schwung nahm, um voranzukommen. Die Laufräder waren gerade neu auf den Markt gekommen.

Eines Tages, es mag vielleicht zu Ostern oder an unserem Geburtstag gewesen sein, stand so ein tolles Zweirad da. Ob Roller oder Laufrad, wir kannten nun kein Halten mehr: Raus ging's auf die Straße … Von nun an wollten wir nur noch damit zum Kindergarten fahren.

Es weihnachtet sehr!

Einer der Höhepunkte im Jahr war für uns Kinder die Weihnachtszeit. Natürlich glaubten wir an den Nikolaus, die Engelein, das Christkind bzw. den Weihnachtsmann, und das machte die Sache ja auch so spannend. Wenn die dunkle Jahreszeit nahte und die Laternenumzüge um Sankt Martin, die wir übrigens auch sehr liebten, vorbei waren, begannen schon bald die Vorbereitungen im Kindergarten und zu Hause: Sterne wurden ausgeschnitten, Plätzchen gebacken, der Adventskranz geschmückt und Schneeflocken aus Papier oder Window Colours an die Fenster geklebt. In der Stadt begann schon der Aufbau der Buden für den Weihnachtsmarkt und die Schaufenster füllten sich mit weihnachtlichen Dekorationen. Das war das untrügliche Zeichen für uns: Es

konnte nicht mehr so lange dauern. Aber von wegen, nicht mehr lange …
Erst einmal musste ja der Tag kommen, an dem wir das erste Türchen, Käst-
chen oder Säckchen vom Adventskalender öffnen durften. Meistens hatten wir
sogar gleich mehrere Adventskalender: einen mit Schokolade drin von Oma,
einen selbstgemachten von den Eltern, einen im Kindergarten, den wir mit der
ganzen Gruppe teilen mussten, vielleicht sogar noch einen von der Patentante.
Beim 6. Türchen, das wussten wir, kam der Nikolaus und brachte tolle Überraschungen wie ein Vorlesebuch oder eine Liederkassette, jede Menge Süßigkei-

Gruppenbild mit
Weihnachtsmann.

22

ten, neue Stifte oder ein kleines Spiel. In der Stadt hatten wir den Nikolaus schon einmal selbst gesehen und im Kindergarten hatte er uns auch besucht. Etwas mulmig war uns zwar schon dabei zumute, weil er ja alles über uns wusste, aber am Ende war er doch ganz nett und gab allen Kindern eine Schnucketüte. Selbst dem Hugo, der den Schleichtier-Dinosaurier von Hannes im Sand verbuddelt und nicht wiedergefunden hatte. Alles wusste der Nikolaus wohl doch nicht!

In die Produktion unserer Wunschzettel legten wir viel Herzblut. Schreiben konnten wir ja noch nicht alleine, also schnitten wir ungeschickt unsere Wünsche aus den Werbeprospekten aus, die haufenweise ins Haus geflattert kamen, und klebten sie auf buntes Papier: einen Kaufmannsladen, den Zoo von Playmobil, die Lego-Eisenbahn, ein Bett für unsere Puppe und dazu einen Maxi-Cosi, einen Bob, ein Trampolin, die Filme von Bob der Baumeister (sogar noch als Videokassette) und, und, und.

Das lange Warten hatte irgendwann ein Ende und Weihnachten stand vor der Tür. Zu manchen von uns kam der Weihnachtsmann höchstpersönlich und las Geschichten über uns aus seinem goldenen Buch vor. Bei anderen deponierte er heimlich seine Päckchen. Egal wie, unsere Aufregung und Begeisterung war grenzenlos, manchmal aber auch gepaart mit Enttäuschung, wenn er unseren Wunschzettel nicht richtig gelesen hatte und z. B. statt der ersehnten Baby-born eine ganz andere Puppe unterm Tannenbaum lag.

Unser schönstes
Weihnachtsgeschenk!

Es gibt viel zu erlernen

Nicht nur wegen der Weihnachtszeit liebten wir den Winter. Toll fanden wir es, wenn es schneite. Kaum dass die ersten Flocken fielen, kannten wir kein Halten und wollten raus. Mit dem kleinsten bisschen Schnee bauten wir Schneemänner und Iglus und rutschten die nächstgelegenen Hügel mit unserem Popo-Rutscher hinunter, größere Hänge auch mit dem Bob oder Schlitten, den wir vielleicht zu Weihnachten bekommen hatten. Nur die Berge wieder hochzustapfen, machte uns überhaupt keinen Spaß und wir zeterten so lange, bis wir hochgezogen wurden.

Als der Winter vorbei war, wurden unsere Zweiräder wieder hervorgeholt. Doch wir wollten uns nicht mehr nur mit dem Roller oder Laufrad zufriedengeben, sondern auch mal auf einem richtigen Fahrrad fahren – natürlich nur mit Helm. Also hieß es üben, üben, üben. Die meisten versuchten es zunächst mit Stützrädern, das war leicht, denn damit konnte man ja nicht umkippen. Umso schwieriger war es, das Gleichgewicht zu halten, als die Stützen abmontiert wurden. Wir brauchten dazu einen Freiwilligen, der uns, am Gepäckträger haltend, hinterherrannte und erst, wenn wir genug Schwung hatten, losließ. Die Strecken, die wir auf diese Weise radelnd zurücklegten, wurden immer länger,

Krone statt Helm: Fahren üben mit dem neuen Rad.

Die Schwimmflügel sind Vergangenheit.

bis wir den Dreh mit dem Gleichgewicht raushatten. Nun mussten wir nur noch das eigenständige Auf- und Absteigen hinbekommen. So manche unsanfte Landung haben wir weggesteckt und so manche Träne vergossen, bis es endlich klappte.

Die nächste Herausforderung für uns war das Schwimmenlernen. Mit unseren Schwimmflügelchen oder Bauchgurten paddelten wir ja schon ganz souverän im Kinderbecken herum, aber so ganz ohne Schwimmhilfe im tiefen Wasser? Also meldeten uns unsere Eltern entweder in einem Schwimmlernkurs an oder brachten selber viel Geduld auf und übten mit uns Meter um Meter das Brustschwimmen. Viele Liter Wasser landeten dabei in unserem Bauch, aber irgendwann hatten wir genug Kraft und die richtige Technik, um uns über Wasser zu halten. Ganz stolz waren wir, wenn es sogar für das Seepferdchen reichte. Das musste sofort auf unsere Badehose oder unseren Badeanzug genäht werden, damit auch jeder sehen konnte, was wir schon draufhatten.

Mit dem Rutscher geht's die Hänge hinab.

2004-2007

Die Schule
des Lebens

Die Größten der Kleinen

Mittlerweile kannten wir alle Lieder im Kindergarten, hatten gelernt, unsere Schuhe richtig herum anzuziehen, unsere Jacke alleine zuzuknöpfen, konnten einigermaßen mit Messer und Gabel essen und mit der Schere umgehen. Wir konnten auch schon unseren Vornamen schreiben und vielleicht sogar ein paar Wörter lesen. Die Sache war klar, wir waren Vorschulkinder – die Größten im Kindergarten, mit Sonderrechten – z. B. den Essenswagen aus der Küche zu holen – und wichtigen Aufgaben – wie den Kleinen beim Schuheanziehen zu helfen. Mit vor Stolz geschwellter Brust nahmen wir an unserem Vorschulpro-gramm teil, wir bekamen kleine Übungen, die unsere Motorik schulen sollten, machten Ausflüge und besuchten sogar unsere zukünftige Grundschule.

Kindergarten ade!

Chronik

4. Februar 2004
Der amerikanische Student Mark Zucker-
berg gründet das soziale Netzwerk
Facebook.

1. Mai 2004
Mit der Osterweiterung werden zehn neue
Mitglieder in die EU aufgenommen.

26. Dezember 2004
Ein Tsunami im Indischen Ozean fordert
über 200 000 Tote und verwüstet ganze
Küstenregionen.

19. April 2005
Der deutsche Kardinal Joseph Ratzinger
wird nach dem Tod von Johannes Paul II.
zum neuen Papst Benedikt XVI. gekürt.

24. April 2005
Das erste Video wird auf der kurz zuvor
registrierten Videoplattform YouTube
hochgeladen.

22. November 2005
Angela Merkel (CDU) wird als erste Frau
deutsche Bundeskanzlerin.

9. Juni – 9. Juli 2006
Die Fußballweltmeisterschaft findet in
Deutschland statt. Italien holt den Weltmeis-
terpokal.

23. August 2006
Die Österreicherin Natascha Kampusch
kann nach acht Jahren ihrem Entführer
entfliehen.

8. Dezember 2006
Nintendo bringt die Wii-Konsole auf den
Markt.

30. Dezember 2006
Der ehemalige irakische Diktator Saddam
Hussein wird hingerichtet.

9. Januar 2007
Apple-Gründer Steve Jobs stellt das iPhone
vor.

6. – 8. Juni 2007
Im Ostseebad Heiligendamm findet der
G8-Gipfel der sieben führenden Industrie-
staaten und Russlands statt. Beraten wird
u. a. über eine globale Klimaschutzstrategie.

30. September 2007
Die deutsche Nationalelf gewinnt die
Fußballweltmeisterschaft der Frauen in
China.

Irgendwann hatten wir das Gefühl, für
den Kindergarten zu groß zu sein.
Und schwups, war unsere Kindergar-
tenzeit auch schon rum und eine
neue Ära sollte für uns beginnen.

Unsere Einschulung

Doch bis zu unserem ersten Schultag
vergingen noch ein paar aufregende
Wochen und Tage, in denen es viel zu
erledigen gab. So mussten der
Schulranzen samt gefülltem Feder-
mäppchen, Turnbeutel und Brustbeu-
tel ausgesucht, die vielen Schulmate-
rialien wie Wasserfarbkasten, Hefte,
Zeichenblock etc. besorgt werden
und natürlich die Schultüte. Wobei
letztere bis zu unserem Einschulungs-

tag ein großes Geheimnis blieb. Denn die bastelten oder kauften unsere Eltern bzw. Paten ohne uns. So stieg die Spannung für uns ins Unermessliche. Die letzten Sommerferien vor unserem ersten Schultag kamen uns unendlich lang vor, wir konnten es nämlich gar nicht erwarten, unseren quietschbunten Ranzen mit Robben, Autos, Blumen oder Pferden darauf zu schultern, die Tüte in Empfang zu nehmen und loszuziehen. Natürlich begleiteten uns unsere Eltern wie auch Großeltern, Paten, Tanten, Onkel und Geschwister zu unserem ersten Schultag. Der begann meistens in der Schulturnhalle oder -aula mit tollen Darbietungen der höheren Klassen, langen Begrüßungsreden der Schulleitung und schließlich der Einteilung der Klassen. Mit wem man wohl in eine Klasse käme? Und ob die Lehrerin oder der Lehrer auch nett sein würde?

Als unsere Klassen beisammen waren, zogen wir – nun endlich ohne unsere ganze Verwandtschaft – hinter unserer Lehrkraft her in unseren Klassenraum. Nach ein paar Kennenlernspielen war unsere erste Schulstunde auch schon vorbei. Nun wurde zu Hause oder im Restaurant unsere Einschulung gefeiert und wir durften endlich unsere prall gefüllte Schultüte ausräumen: Da kamen die tollsten Dinge zum Vorschein: ein paar Schulutensilien, Süßigkeiten, vielleicht ein Glücksbringer und kleine Spielzeuge, und bei manchem sogar ein Nintendo. Aber viel aufregender fanden wir eigentlich die Aussicht, morgen wieder in die Schule zu gehen.

Unser großer Tag!

Beim Sommerklassenfest gab es für die Eltern eine Vorführung.

Im Unterricht waren wir voll dabei.

Schreiben, Rechnen, Lesen

Als i-Männchen gingen wir sehr gerne in die Schule. Dort trafen wir unsere Freunde und die Lehrerinnen und Lehrer waren meistens wirklich nett zu uns. Unsere Klassenräume waren so bunt wie der Unterricht abwechslungsreich. Stillsitzen, wie es uns zuvor prophezeit wurde, mussten wir gar nicht so lange, denn unsere Schreib- und Rechenübungen wurden immer mal wieder unterbrochen von einem kurzen Lied, einem Ratespiel oder einer vorgelesenen Geschichte. Und dann klingelte es ja auch schon zur Pause. Erst im Laufe der Grundschulzeit wurden die stillen Arbeitsphasen länger, aber da waren wir auch nicht mehr ganz so hibbelig.

   Natürlich bekamen wir auch Hausaufgaben auf, und die machten uns – zumindest am Anfang – manchmal richtig Spaß: In den Arbeitsheften mit den vielen bunten Abbildungen gab es so viel zu entdecken und bei unseren ersten Schreib- und Rechenübungen kam es ja noch nicht so sehr auf die Schönheit an. Irgendwann wurde es aber kniffeliger: Wir sollten mit den Buchstaben genau die Linie im Heft treffen und es war gar nicht mehr egal, wenn das kleine „b" wie ein „d" aussah oder das „S" wie ein Fragezeichen ohne Punkt darunter. Und wie sollte man sich nur immer merken, in welche Richtung man schreiben musste – wir zumindest konnten ebenso gut von links nach

rechts wie von rechts nach links schreiben!
Das Lesen war eine noch größere Herausforderung: Am besten ging es, wenn wir die
aneinandergereihten Buchstaben und Silben
halblaut vor uns hersagten, dann erkannten
wir plötzlich, welches Wort gemeint war.
Früher oder später hatten wir den Dreh raus
und ab jetzt lasen wir alles, was uns vor die
Augen kam: Ob es die Beschriftung der
Milchtüte auf dem Frühstückstisch war oder
die Werbeschilder und Straßennamen in der
Stadt – ständig murmelten wir vor uns hin und freuten uns über unsere Aha-
Erlebnisse. Auch beim Rechnen wurde es immer schwieriger, denn irgendwann reichten unsere Finger nicht mehr aus – und was bitte waren Addition
und Subtraktion oder gar Multiplikation und Division? Bald schon kristallisierte
sich heraus, welches unsere Lieblingsfächer waren und bald schon zogen wir
die Pausen den Unterrichtsstunden vor. Denn in den Pausen, da gab es so viel
zu tun: Ballspielen, Seilspringen, Fangenspielen, Diddl-Zettel oder Fußballkarten tauschen …, da reichte eine Viertelstunde nicht aus und für das Pausen-
brot blieb sowieso keine Zeit.

Tsunami im Indischen Ozean

*Am zweiten Weihnachtstag des Jahres
2004 löst ein Seebeben vor der Küste
Sumatras im Indischen Ozean eine Reihe
von verheerenden Tsunamis aus. Die
Flutwellen treffen auf die Küsten von
Indonesien, Sri Lanka, Indien, Thailand,
Somalia, Myanmar, Malaysia, Malediven
etc. und dringen mit großer Zerstörungs-
kraft ins Landesinnere vor. Rund 230 000
Menschen verlieren ihr Leben, rund 1,7
Millionen ihre Bleibe. Der Tsunami löst
eine Welle der Hilfs- und Spendenbereit-
schaft in Deutschland und der ganzen
Welt aus.*

Im Sammelfieber

Das Sammeln und Tauschen war eine unserer neuen Leidenschaften geworden. Viele Mädchen liebten zum Beispiel alles von Diddl und tauschten die unterschiedlichen Blätter, Karten und Aufkleber hin und her, um ihre Sammlungen zu erweitern. Die meisten Jungen investierten ihr Taschengeld lieber in Pokémon- oder Fußballkarten, zu denen es am Kiosk gleich das Sammelalbum dazu gab. Natürlich wurden diese Alben nie ganz voll, immer fehlten ein paar Spieler bzw. Figuren, dafür sammelten sich die Doppelten als Tauschmasse in den Hosentaschen an.

Mit den Fußballkarten konnte man übrigens auch wunderbar zocken. Dazu musste jeder Mitspieler eine bestimmte Anzahl Karten mit dem Bild nach unten auf einen Stapel legen, der erste durfte mit der flachen Hand auf den Stapel hauen und alle Karten, die er dabei umdrehte, gingen in seinen Besitz über. Dann war der nächste an der Reihe ... Unsere Lehrkräfte sahen diese Zockerei auf dem Pausenhof übrigens gar nicht gerne.

Zocken konnte man überall.

Unser Sommermärchen

Die Fußballweltmeisterschaft 2006 war nicht nur wegen der Sammelei und Zockerei das erste Großereignis, das wir bewusst miterlebten. Anfangs waren wir eigentlich noch gar nicht so richtig im Fieber. Fußball, okay, das interessierte vor allem die Jungs unter uns schon. Aber auf die Spiele konnten wir uns meistens doch nicht in voller Länge konzentrieren. Wenn in der ersten Viertelstunde kein Tor fiel, schnappten wir uns lieber unseren eigenen Fußball und die Kumpels, um eine Runde zu kicken. Doch als die deutsche Nationalelf, die anfangs bei dieser WM nicht gerade eine Favoritenrolle innehatte, nach dem souverän gewonnenen Achtelfinale gegen die Schweden das Viertelfinale erreicht hatte, wurde es auch für uns so richtig spannend. Das Spiel gegen Argentinien sollte einer der Höhepunkte des deutschen Sommermärchens werden. Gleichstand nach der Verlängerung, das bedeutete Elfmeterschießen, nervenaufreibender konnte es nicht sein. Nachdem Torwart Jens Lehmann dann auch noch – dank seines sagenumwobenen Notizzettels, den er zuvor aus seiner Socke gezogen hatte – den zweiten Schuss der Argentinier gehalten hatte, kannten wir kein Halten mehr. Deutschland gewann das Spiel 5:3. Auf den Straßen bildeten sich lange Autocorsos und alle sangen: Berlin, Berlin, wir fahren nach Berlin! Ganz Deutschland war im Freudentaumel. Tränen vergossen wir dagegen im Halbfinale: Erst in den letzten zwei Minuten der Verlängerung trafen die „Azzurri" das deutsche Tor gleich zweimal und nahmen uns unseren Traum vom Weltmeistertitel im eigenen Land. Am Ende freuten wir uns aber trotzdem über den dritten Platz.

Fahnenmeer beim Eröffnungsspiel in München.

Die erste deutsche Bundeskanzlerin

Aufgrund einer gescheiterten Vertrauens-
frage von Kanzler Gerhard Schröder
(SPD) kommt es im September 2005 zu
vorgezogenen Bundestagswahlen. Die
CDU/CSU geht daraus als stärkste
Fraktion hervor und stellt mit Angela
Merkel erstmalig eine Frau und zudem
eine ostdeutsche Kandidatin als Kanzlerin.
Die damals 51-jährige ehemalige Zieh-
tochter von Helmut Kohl, die aus einer
ostdeutschen Pastorenfamilie stammt und
in der DDR als Physikerin tätig war, regiert
mittlerweile in ihrer dritten Legislaturperi-
ode: von 2005 bis 2009 mit einer großen
Koalition aus CDU/CSU und SPD, von
2009 bis 2013 mit einer schwarz-gelben
Koalition aus CDU und FDP und seit 2013

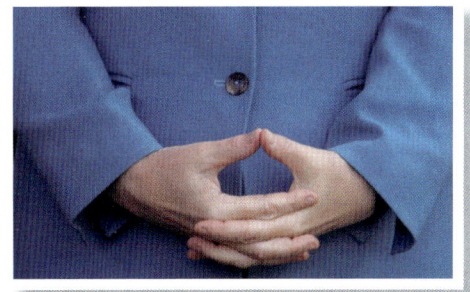

Die Geste und der Schnitt des Blazers –
unverkennbar: unsere Kanzlerin.

erneut mit einer großen Koalition. Beherr-
schende Themen ihrer bisherigen Amts-
zeiten sind die internationale Finanzkrise,
Plagiatsaffären, die NSA-Affäre, der
Ukraine-Konflikt, die Euro- bzw. Griechen-
landkrise und die Flüchtlingskrise, aber
auch der Atomausstieg und der wirtschaft-
liche Aufschwung in Deutschland.

Manchmal führte uns der Wandertag in den Wald.

Wandertage und Klassenfahrten

In jedem Schulhalbjahr gab es
mindestens einen Wandertag, wobei
der Name eigentlich irreführend ist,
denn an diesen Wandertagen unter-
nahmen wir meistens keine Fußmär-
sche, sondern Ausflüge mit dem Bus
zu einem großen Abenteuerspielplatz,
in eine besondere Ausstellung oder
vielleicht sogar in einen Tierpark oder
einen Freizeitpark. Das fanden wir natürlich alles besser als Schule. Für diese
Ausflüge bekamen wir von zuhause einen kleinen Rucksack mit leckerem
Proviant gepackt – ein Brötchen, ein Apfel, ein paar Gummibärchen und eine

Zum Schlafen waren
wir viel zu aufgeregt.

kleine Safttüte. Und üblicherweise blieb mindestens ein Rucksack im Bus liegen, wenn nicht gleich ein ganzes Kind mit Rucksack im Bus zurückblieb. Für uns war natürlich alles eine große Aufregung, aber noch viel aufregender war es wahrscheinlich für unsere Betreuer, die jedes Mal heilfroh waren, wenn sie die ganze Rasselbande inklusive Jacken und Rucksäcke und ohne größere Blessuren am Ende des Ausfluges wieder im Schulgebäude versammelt hatten.

Noch viel besser als ein Wandertag war die Klassenfahrt, die meistens in der vierten Klasse anstand. Für drei bis fünf Tage gingen wir zum ersten Mal in unserem Leben ohne Eltern auf Reisen. Sorgfältig wurden im Vorfeld von unseren Müttern die Koffer nach Packliste der Lehrerin gepackt und tageweise unsere Anziehsachen eingeschichtet, die aber in der Regel unverändert bei unserer Rückkehr wieder aus dem Koffer in den Schrank gelegt werden konnten. Denn für Garderobenwechsel hatten wir nun wirklich keine Zeit und Mama sollte ja auch hinterher nicht so viel Schmutzwäsche haben. Am Bus erinnerten unsere Eltern uns nochmal daran, auch immer schön die Zähne zu putzen und mindestens einmal anzurufen – aber das hatten wir bereits kurz darauf vergessen. Denn nun ging es darum, einen guten Platz im Bus zu ergattern und dann in der Herberge das beste Zimmer zu bekommen. Zum Glück war die Zimmeraufteilung vorausschauend schon in der Schule geregelt worden, so konnten größere Tränenausbrüche verhindert werden. Ein paar Tränen gab es trotzdem, sei es aus Heimweh, sei es, weil die beste Freundin nicht im selben Etagenbett schlafen oder der beste Freund nichts von seinen Chips abgeben wollte. Aber es überwogen doch die Begeisterung und der Stolz darüber, schon ganz alleine klarzukommen.

Spannung pur

Ungefähr in der zweiten Klasse konnten wir einigermaßen fließend lesen. Nun erschlossen sich uns ganz neue Welten, denn wir mussten nicht mehr auf unsere Eltern zählen, dass sie uns etwas vorlasen, sondern konnten selber unsere Lieblingsbücher verschlingen. Sehr angesagt waren eine Zeit lang die Bücher vom „Magischen Baumhaus", in denen die Geschwister Anne und Philipp mithilfe der magischen Kräfte eines Baumhauses zu allen Orten der Welt und sogar durch die Zeit reisen können. Beliebt auch die Bücher von Cornelia Funke, zum Beispiel die „Gespensterjäger" oder – besonders bei den Mädchen – die Abenteuer der Mädchenbande „Die Wilden Hühner" um die rot gelockte Bandenführerin Sprotte. Sehr zu unserer Freude wurden die Geschichten verfilmt, als wir mit acht bis zehn Jahren genau im richtigen Alter fürs Kino waren. Und für nicht so Lesewütige gab es die Abenteuer ja auch auf Kassetten, CDs und DVDs. Natürlich wollten wir mit unseren Freundinnen auch so eine coole Bande gründen, aber leider fanden wir nicht das geeignete Bandenquartier – so ein ausrangierter Wohnwagen war trotz Bitten und Betteln bei unseren Eltern einfach nicht aufzutreiben und Hühner wollten sie auch nicht anschaffen. Und da die echten Abenteuer ausblieben, lösten sich unsere Banden schnell wieder auf.

Beliebt bei den Mädchen: „Die Wilden Hühner".

Was für die Mädchen die „Wilden Hühner" waren, das waren für die Jungen „Die Wilden Kerle", eine Gruppe fußballbegeisterter Freunde, die ihren Bolzplatz mit Teamgeist und Esprit gegen eine andere, „fiese" Gang verteidigen und zurückerobern muss. Nicht nur die fünf Kinoverfilmungen (zwischen 2003 und 2008) wollten wir unbedingt sehen, die großen Fans unter uns besaßen auch Trikot, Schlüsselband, Schweißbänder, Trinkflasche und sonstige Fanartikel in den Farben Schwarz und Orange von ihrer Lieblingsgang. Die Fußballmatches spielten wir auf dem Bolzplatz nach, nur wollte leider nie jemand den fetten Michi und seine Mannschaft spielen.

Spannung pur versprachen die Bücher und Kassetten bzw. CDs von „Die drei ???". Da lief uns so mancher Schauer kalt den Rücken runter, aber wir konnten trotzdem nicht aufhören, die Detektivgeschichten zu lesen oder zu hören und bewunderten immer wieder die Schlauheit und den Mut von Justus, Peter und Bob. Zum Glück gab es hunderte Folgen, sodass uns der Stoff fürs Gruseln über Jahre nicht ausging.

Kleine Aufsätze konnten wir fehlerfrei schreiben, na ja, fast.

Meine Feriengeschichte:
Im Schwimbad

Ich war im Schwimbad mit Oma und da habe ich gessagt Oma Ich bin ein Fisch da hat Oma gelacht Ich habe gessagt Oma was ist den.

Schon wieder ein Abschied

Waren wir eben noch richtige Spielkinder, merkten wir doch so langsam, dass das Interesse für die vielen Spielsachen in unseren Kinderzimmern nachließ. Unser Faible galt mittlerweile eher Computerspielen oder dem Nintendo DS und Spielen wie Mario Kart, Pokémon und Nintendogs. So manches frühere Lieblingsspielzeug wurde dagegen leicht verschämt in die hinteren Regalfächer geschoben, wenn Besuch kam. Es wurde also mal Zeit auszumisten, bevor unser neuer Lebensabschnitt mit dem Wechsel in eine neue Schule begann.

Das Ende unserer Grundschulzeit nahte also. Wir beherrschten mehr oder weniger gut alle Rechenarten, konnten Aufsätze verfassen und dabei die Rechtschreibregeln so einigermaßen anwenden. Wir hatten gelernt, kleine

Bye bye Grundschulzeit!

Experimente durchzuführen und unsere Fahrradprüfung abgelegt. Englische Lieder konnten wir auch schon singen und unseren Namen, unser Alter und unseren Wohnort in der Fremdsprache mitteilen.

Unser letztes Halbjahreszeugnis und die Einschätzung unserer Lehrer und Eltern war ausschlaggebend dafür, welche Schulform wir in Zukunft besuchen würden: Gymnasium, Real-, Hauptschule oder eine Gesamtschule – je nach Wohnort und Bundesland hatten wir und unsere Eltern die Qual der Wahl. Wir wollten eigentlich am liebsten dorthin, wo auch unsere besten Freunde hingingen, doch das allein zählte für unsere Eltern nicht. Also schleppten sie uns zu Schulinformationsveranstaltungen und wägten mit uns gemeinsam ab, was das Beste für uns sei: Eine integrative Gesamtschule vielleicht oder ein Gymnasium? Besser die Haupt-, Realschule oder eine kooperative Gesamtschule? G8 oder G9? Für manche stand schon im Vorfeld fest, dass sie die Schule besuchten, auf die auch die älteren Geschwister gingen, oder eben gerade nicht. Für andere waren der Schulweg, der Schulbus oder das Fremdsprachenangebot entscheidend. Irgendwann hatte jeder seine Wahl getroffen und einige Wochen später die Einladung für die weiterführende Schule im Briefkasten. Nun hieß es Abschied nehmen von der schönen Grundschulzeit, von den Lehrerinnen und Lehrern, von manchen Klassenkameraden, vom gemusterten Scout-Ranzen, vom Klettergerüst auf dem Pausenhof, vom bunt dekorierten Klassenzimmer, von Smileys unter den Hausaufgaben und vom kurzen Schulweg.

Nachdem wir unsere geliebte Klassenlehrerin mit allerlei Abschiedsgeschenken bedacht hatten, begaben wir uns mit einem weinenden und einem lachenden Auge in die Sommerferien, die für uns eigentlich nie lang genug sein konnten.

Raus aus dem Kinderzimmer, rein ins Teenie-Alter

2008 – 2011

Alles von vorn

Mit dem Wechsel auf eine andere Schule begann ein neuer Lebensabschnitt für uns. Neue Erfahrungen warteten auf uns und nicht nur die! Ebenso Fächer, von denen wir zuvor noch kaum etwas gehört hatten, wie Physik und Chemie oder Politik (PoWi) und Erdkunde. Und was bitte ist Ethik? Mit einem neuen Schulranzen oder eher Rucksack, vorzugsweise von der Marke 4You oder Eastpack, starteten wir in das uns völlig fremde Schulsystem und waren neugierig auf unsere Klasse. Viele neue Freundschaften warteten auf uns. Doch so schön das auch klingt, einen Haken gibt es immer. Eben waren wir noch die Großen und im nächsten Moment wieder die Kleinen. Ärgerlich! Doch der Respekt vor den Älteren hielt uns nicht vom Spielen ab, ob Fangen oder Verstecken, wir machten den Schulhof unsicher und brachten Leben in die Pausenhalle.

Chronik

15. September 2008
Mit der Insolvenz des Finanzinstituts Lehman Brothers beginnt eine weltweite Finanzkrise.

4. November 2008
Barack Obama wird zum ersten afroamerikanischen Präsidenten der USA gewählt.

11. März 2009
Bei einem Amoklauf an der Albertville-Realschule in Winnenden erschießt ein 17-Jähriger 15 Menschen und sich selbst.

25. Juni 2009
Der Tod Michael Jacksons löst weltweite Trauer und Bestürzung aus.

April – Dezember 2009
In Deutschland bricht die Schweinegrippe aus, an der über 200 000 Menschen erkranken und 250 sterben.

29. Mai 2010
Lena Meyer-Landrut gewinnt mit dem Lied Satellite den 55. Eurovision Song Contest für Deutschland.

31. Mai 2010
Bundespräsident Horst Köhler erklärt seinen sofortigen Rücktritt. Sein Nachfolger wird Christian Wulff.

24. Juli 2010
Bei der Loveparade in Duisburg kommt es in einem Tunnel zu einer Massenpanik, 21 Personen sterben.

11. März 2011
Nach einem Erdbeben kommt es in den Kernkraftwerken im japanischen Fukushima zu einer Serie schwerer Unfälle.

2. Mai 2011
Al-Qaida-Anführer Osama bin Laden wird von US-Spezialeinheiten erschossen.

22. Juli 2011
In Oslo tötet der Rechtsextremist Anders Behring Breivik mit einer Bombe acht Menschen, danach erschießt er auf der norwegischen Insel Utøya fast 70 Teilnehmer eines Jugendcamps.

4. Januar 2011
Mit der Revolution in Tunesien beginnt der Arabische Frühling: eine Welle von Protesten gegen die autoritären Regimes in Nordafrika und dem Nahen Osten.

Neue Schule, neuer Ranzen, neue Freunde.

Die neue Schule hielt jedoch nicht nur positive Überraschungen für uns bereit. Die Schultage wurden länger und die Hausaufgaben mehr. Dementsprechend hatten wir weniger Zeit für unsere Hobbys und Freunde. Auch das Schulgebäude hatte seine Tücken, durch die langen Gänge und vielen Türen wirkte es auf uns wie ein Labyrinth und versuch mal, in einem Labyrinth den richtigen Biologieraum zu finden!

Natürlich änderte sich auch unser Schulweg. War er in der Grundschule noch überschaubar, sodass wir ihn in der Regel mit unseren Freunden aus der Nachbarschaft zu Fuß gehen konnten, hatten wir jetzt nicht selten mehrere Kilometer mit dem Fahrrad, mit Bus oder Bahn zurückzulegen. Und das war anfangs ganz schön aufregend. Der Bus wartete ja nicht auf uns, also hieß es, sehr pünktlich zu sein und manchmal war er so überfüllt, dass wir nicht mehr hineinpassten. Wie sollten wir unser Zuspätkommen den Lehrern erklären? Auch das Umsteigen von einer Bahn in die andere war erst mal eine Herausforderung für uns. Aber da wir ja pfiffig waren, hatten wir auch das bald heraus und bewegten uns viel selbstständiger durch die Gegend. Das kam auch unseren Eltern zugute, denn den Weg zum Sport, zum Musikunterricht oder zu den neuen Freunden, die am anderen Ende der Stadt oder im Nachbarort wohnten, konnten wir nun auch selber bewältigen.

Klassenfahrten –
der Höhepunkt
im Schülerleben.

Schulausflüge und Klassenfahrten

Spiele, Abenteuer, schlaflose Nächte und Streiche … wer kennt sie nicht, die allseits beliebten Klassenfahrten? Die Aufregung war groß, sobald der Lehrer verkündete, dass eine Klassenfahrt anstand, und auch der Lärmpegel stieg schlagartig an. Jeder wollte die perfekte Zimmereinteilung und die musste natürlich so schnell wie möglich diskutiert werden, nicht, dass man am Ende noch mit dem Streber auf ein Zimmer musste. Ein paar Tränen wurden dennoch vergossen, denn wie das Leben so spielt, kann nicht alles immer so funktionieren, wie man es gerne hätte. Als es dann endlich losging und der Bus nach langem Warten auf den Pausenhof auffuhr, war die Vorfreude kaum noch auszuhalten. Nach kurzer Diskussion, wer neben wem sitzt, einem liebevollen Abschied von den Eltern und fünfmaligem Prüfen, ob wirklich alle da sind, starteten wir. Die Busfahrt war schon das erste kleine Highlight. Lieder singen, Spiele spielen und so lange Süßigkeiten essen, bis man Bauchschmerzen hatte – das war ein Leben! Direkt nach der Ankunft mussten die Koffer ausgepackt, die Süßigkeitenvorräte angelegt und die Zimmer verglichen werden, viel Zeit blieb dafür allerdings nicht, denn die Lehrer hatten einen vollen Programmplan. Von Vertrauensspielen bis hin zum Wandern, die Bandbreite war groß. Wenn der Tag sich dem Ende zuneigte, wurde zusammen gegessen. Der Lehrer ging natürlich recht früh auf sein Zimmer und ließ sich auch nur noch zur Kontrolle blicken, ob auch wirklich alle schliefen. Schlau wie wir waren, haben wir uns natürlich nicht erwischen lassen, wenn wir noch wach waren. Denn ob jemand unter der Decke steckte und schlief oder etwas anderes seinen Platz einnahm, konnte der Lehrer ja nie genau sehen. So turnten wir noch lange in den Räumen der anderen umher und hatten unseren Spaß. Und doch gab es immer auch ein Kind, das Heimweh hatte und getröstet werden musste.

Natürlich hielt jede Klassenfahrt auch ein kleines Liebesdrama bereit, ob die „erste große Liebe" oder doch nur eine einwöchige Klassenfahrtsbeziehung, Pärchenbildungen gehörten dazu.

Doch auch die schönste Klassenfahrt findet einmal ihr Ende und mit von Süßigkeiten vollgeschlagenen Bäuchen ging es zurück nach Hause.

Juhu, ein Handy!

Digital Natives

Nach langem Betteln bei den Eltern bekamen wir jetzt auch endlich unser erstes richtiges Handy. Doch zunächst mal handelte es sich hierbei nicht um die heute allseits bekannten Smartphones, sondern um ein kleines, klobiges Tastenhandy, welches dazu da war, die Eltern zu kontaktieren, damit sie wussten, wo wir waren. So waren es auch meistens unsere Eltern, die uns anriefen, um zu wissen, was wir so trieben. Die Handys hatten, wie gesagt, Tasten, die moderneren Modelle konnte man sogar aufklappen, natürlich waren sie noch nicht internetfähig und Spiele konnte man darauf nicht wirklich spielen. Doch auch dafür fanden wir natürlich eine Lösung: Ein iPod musste her. Hier war der iPod Nano das Einsteigermodell, mit dem man Musik oder Hörspiele hören, ein wenig daddeln und kleine Filmchen drehen konnte. Doch schon bald wurde der vom iPod touch abgelöst – ein unbedingtes Muss für uns, denn der hatte einen Touchscreen, war internetfähig, sodass wir damit auch chatten und über den AppStore Spiele herunterladen konnten. Ob stundenlang Doodle Jump, Templerun oder Jetpack Joyride, diese Jump-and-Run-Spiele eroberten uns im Sturm und ließen uns nicht mehr los. Tage- oder sogar monatelanges Betteln um solch ein Gerät zahlte sich also aus.

Mit unseren elf, zwölf Jahren hatten wir schon eine enorme technologische Entwicklung mitgemacht und miterlebt: von der Kassette über die CD zum MP3-Player und letztendlich zum iPod touch. Dieser bot eine Menge Vorteile: Wir mussten nicht mehr in den nächsten Laden laufen, um uns eine CD zu kaufen, sondern konnten uns die Musik bequem über den AppStore auf den iPod laden: Auch seine Handlichkeit nutzten wir aus und nahmen unseren ständigen Wegbegleiter überall mit hin, um Musik zu hören, Filmchen zu drehen oder zu daddeln.

Mein schönstes Zahnspangenlächeln!

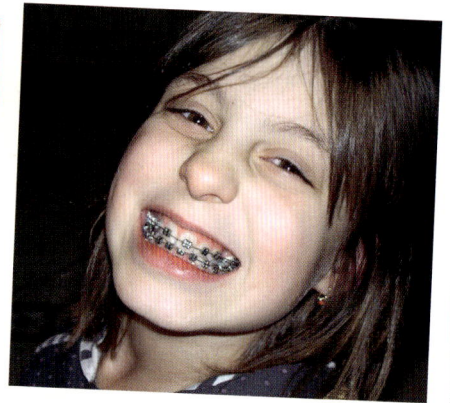

Zahnspange – Ausdruck für Individualität

Fast schon wie eine Modeerscheinung, trug sie plötzlich jeder Zweite, die Zahnspange. Und wer sie nicht hatte, der wollte eine haben. Sie war nicht mehr nur das Werkzeug zum Richten der Zähne, sondern vielmehr ein Schmuckstück und genauso wie Schmuck gab es sie in verschiedenen Varianten, ob locker oder fest, blau oder lila, mit Bildchen oder ohne, es gab hunderte von Möglichkeiten, sich seine individuelle Zahnspange zu gestalten. Doch wer schön sein wollte, musste leiden, denn die Zahnspange brachte auch negative

Eigenschaften mit sich, von einer aufgerissenen Wange bis hin zur nervigen Zahnspangenpflege fehlte es an nichts. Jahre später war sie wieder aus unseren Mündern verschwunden und hinterließ uns schöne gerade Zähne – und unseren Eltern ein leeres Konto, denn teuer war der Spaß allemal.

Klettern, in der Halle ...

... oder im Kletterwald, fanden wir super.

Unterwegs auf schmalen Rollen

Ein Trend, der unsere Jugend prägte, waren Cityroller, Waveboards und Inliner. Sie boten eine spaßige Möglichkeit, um schnell von einem Ort zum anderen zu kommen und schulten dabei noch unsere Geschicklichkeit und unseren Gleichgewichtssinn. Mit dem Cityroller zu fahren, war ja keine Kunst, da waren die Inliner schon eine größere Herausforderung, denn sie hatten keine Bremsen oder Stopper. Tückisch war das Waveboard, denn es hatte im Gegensatz zum Skateboard vorne und hinten nur je eine Rolle und auch noch ein bewegliches Gelenk in der Mitte – eine ganz schön wacklige Angelegenheit also. Aber unermüdlich wie wir waren, hatten wir es schnell raus, uns damit fortzubewegen.

Wenn wir nicht gerade in unseren Zimmern hockten, düsten wir also draußen auf der Straße umher, malten uns mit Kreide unsere eigenen Parcours auf und veranstalteten Wettfahrten. Die Einzigen, die einen Schaden davontrugen, waren Hände, Knie und unser Po. Mit Löchern in der Hose und blauen Flecken an den Beinen kamen wir abends strahlend nach Hause. Manchmal kamen wir auch mit einem aufgeschlagenen Knie zurück, doch das hielt uns nicht davon ab, es am nächsten Tag wieder zu versuchen – diesmal aber vielleicht doch mit den lästigen Hand-, Knie- und Ellenbogenschonern.

Wer es mit Rollen nicht so hatte, der zog vielleicht das Klettern oder Kicken vor. Ob Kletterwald, Kletterhallen oder Soccerhallen, hier konnten wir uns richtig austoben und sie boten vor allem für Geburtstagsfeiern den richtigen Rahmen und die richtige Beschäftigung für uns.

Hobbys und Haustiere

Der Sport spielte in unserer Kindheit eine große Rolle, es ging uns natürlich nicht darum, Gewicht zu verlieren, sondern um den Spaß am Sport. Eine neue Sportart zu beginnen fiel uns leicht, da wir genug Zeit hatten, unsere Fähigkeiten auszubauen. Und so probierten wir auch allerlei aus. Beliebte Sportarten waren Fußball, Handball und natürlich Reiten. Meistens begann man eine Sportart nicht alleine, sondern packte sich einen guten Freund, mit dem man dieses neue Hobby teilen konnte. Im Sportverein fanden sich natürlich viele Gleichgesinnte und neue Freunde, ebenso bei der Freiwilligen Feuerwehr, die in ländlichen Gegenden vor allem Jungen begeisterte.

Was für die einen der Sport, war für die anderen die Musik. Ein Instrument zu erlernen machte uns – zumindest anfangs – großen Spaß und so gingen wir regelmäßig zum Gitarren-, Klavier- oder Geigenunterricht. Irgendwann kamen die meisten von uns aber an den Punkt, wo sie neben den Hausaufgaben nicht mehr am Instrument üben wollten, sehr zum Ärger unserer Eltern und Musiklehrer. War einmal der Schlendrian drin, dauerte es nicht mehr lange, bis wir das Musizieren wieder aufgaben. Nur die wenigsten hielten durch und probierten sich bald in Schulorchestern oder Schülerbands. Da ärgerten wir uns dann doch, dass wir nicht mehr geübt hatten.

Ob Handball, Leichtathletik …

… oder Musizieren, jeder hatte seine Hobbys und Talente.

Ein anderes großes Thema waren Haustiere. Fast jeder von uns versuchte stur, die Eltern zu überzeugen, einen Hund, eine Katze oder wenigstens ein Kaninchen als neues Familienmitglied bei sich aufzunehmen. Doch leider waren unsere Eltern genauso stur wie wir, aber im negativen Sinne. Das Haustier blieb bei den meisten ein weit entfernter Traum. Schade!

Natürlich wollten wir auch mit unseren Freunden etwas Neues ausprobieren und gingen deshalb mit ihnen in die Stadt, ohne Eltern. Allerdings galt auch hier das Motto: Money must be funny, eine Taschengelderhöhung musste möglichst schnell her, damit wir das Geld für noch mehr unnötiges Zeug aus dem Fenster herauswerfen konnten.

Bubble Tea und andere Modeerscheinungen

Wir fingen an, das Internet zu erkunden, plötzlich hatte fast jeder ein Profil bei Schüler-VZ und guckte Videos auf YouTube. Wir entwickelten unsere eigene Internetsprache, welche sich auch im Alltag wiederfinden ließ, wie HDGDL

Gab's bei uns nur
für kurze Zeit: Bubble Tea.

(hab dich ganz doll lieb), LOL (laughing out loud) oder auch ABF (allerbeste Freundin). Wir entdeckten Spieleseiten wie Spieleaffe für uns, begannen, unsere eigene Farm bei Good Game Farmer aufzubauen und spielten Schicksal mit unseren Sims.

Aber auch außerhalb des Bildschirms entdeckten wir viele Trends: Gärten wurden mit Trampolin und Baumhaus aufgepeppt, auf den Straßen fuhren wir Skateboard, Einrad und Waveboard und wir vergnügten uns im Freibad. War das Wetter jedoch einmal nicht so gut, spielten wir mit unserer Hüpfknete oder setzten uns in den nächsten Bubble-Tea-Laden. Erinnert ihr euch noch an diese bunten Shops, die plötzlich überall wie Pilze aus dem Boden schossen und ebenso plötzlich wieder verschwunden waren? Dort gab es Getränke mit exotischen Namen und ebenso exotischem Inhalt, nämlich Tee oder Milchshakes mit kleinen farbigen Kügelchen, die mit künstlichen Aromen gefüllt waren und beim Zerbeißen platzten. Genau das Richtige für uns frisch gebackene Teenies: schön süß, schön bunt, schön künstlich!

Zwischen Lena und Lady Gaga

Im Laufe der Zeit entwickelte sich unsere Liebe zur Musik. Aus unseren Zimmern drang laute Musik und auch die Wände litten unter den Postern unserer Idole. Wir entdeckten DSDS (Deutschland sucht den Superstar) für uns, waren begeistert von Lady Gagas schrillen Auftritten und Outfits und sangen lauthals ihren Hit „Pokerface" und wir fieberten 2010 mit Lena Meyer-Landrut beim Eurovision Song Contest, die mit „Satellite" prompt den ersten Platz belegte.

Zur selben Zeit sang sich die Boygroup One Direction mit „What makes you beautiful" in einige unserer Herzen. Wir himmelten diese leider unerreichbaren Stars zwar an, doch meist träumten wir nur von Livekonzerten und Autogrammen, erlebten sie aber nicht. Auch die Charts interessierten uns auf einmal und wir verfolgten neugierig, wer sich die obersten Plätze ergattern konnte: Rihanna, Bruno Mars, Taio Cruz, Jesse J, Adele, Aura Dione sind nur einige davon.

Mit „Singstar" konnten wir unsere Lieblingshits performen.

Unser Star in Oslo

Der 55. Eurovison Song Contest findet am 29. Mai 2010 in Oslo statt. Am Start für Deutschland die 19-jährige Lena Meyer-Landrut, die als Siegerkandidatin der Castingshow „Unser Star für Oslo" von Stefan Raab ins Rennen geschickt wird. Der Hit „Satellite" wird ihr eigens dafür auf den Leib geschrieben. Sowohl der Song als auch Lenas charismatische und natürliche Art und ihr unprätentiöser Auftritt im schlichten schwarzen Kleid, ohne ausgeklügelte Choreographie und ohne spektakulärem Bühnenbild faszinieren die Jurys der Länder und die Fernsehzuschauer und bringen ihr den Sieg des ESC ein. Zum zweiten Mal seit 1982 (Nicole mit „Ein bisschen Frieden") hat Deutschland den ESC (damals „Grand Prix d'Eurovison") gewonnen.

Unsere ESC-Siegerin mit ihrem Förderer Stefan Raab.

Alles neu im Jugendzimmer

Neue Farben, neue Bilder, neue Möbel, neu gestalten! Das war das Motto unseres Jugendzimmers. Altes raus, Neues rein. Poster und Fotos ersetzten selbstgemalte Bilder, eine Stereoanlage musste her und alte Spielsachen weg. Sie wanderten in die Zimmer der kleineren Geschwister oder wurden auf dem Flohmarkt verkauft. Auch die Wände brauchten einen neuen Anstrich. Ob grün, rot oder doch lieber blau, das blieb jedem selbst überlassen. Hauptsache Farbe. Das Hochbett wich dem normalen Bett, der Kindertisch dem Schreibtisch, die Kommode dem Schrank, die Kuscheltiere mussten einer Kissenparade Platz machen und ein Spiegel musste an die Wand. Dekoration durfte natürlich auch nicht fehlen, ob ein bunter Vorhang oder eine schöne Lichter-

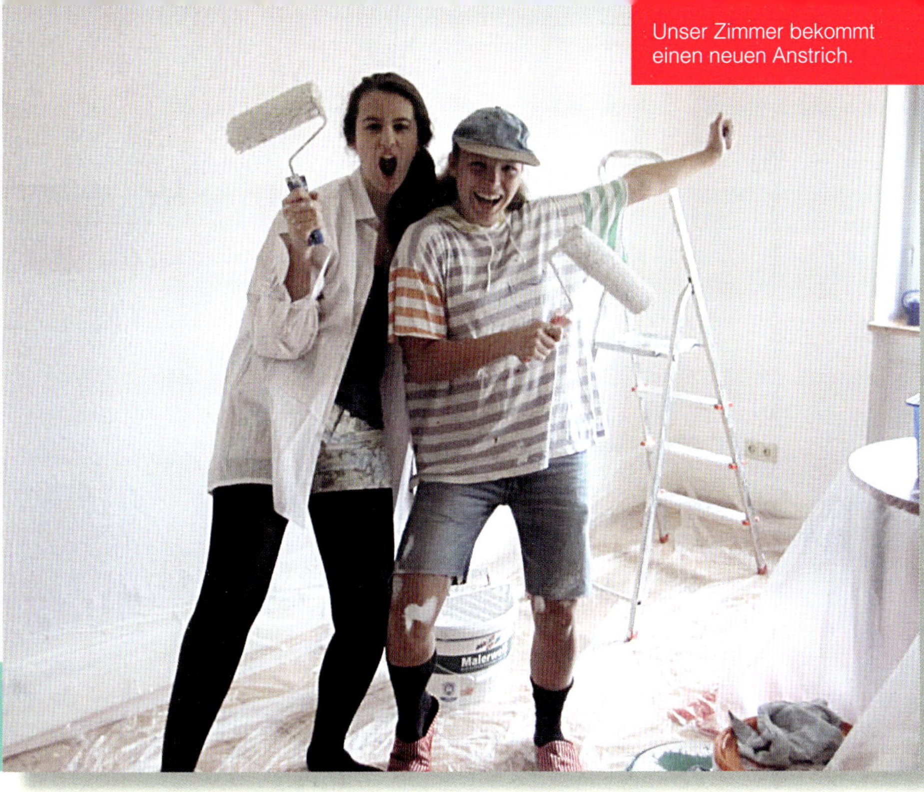

Unser Zimmer bekommt einen neuen Anstrich.

kette über dem Bett, uns war alles recht. Mit dem neuen Zimmer ergaben sich auch neue Freizeitbeschäftigungen, man spielte nicht mehr Barbie oder Lego, sondern las Zeitschriften, hörte Musik, spielte am Computer oder mit dem Handy und tratschte über die neusten Geschehnisse. Auch im Kleiderschrank änderte sich einiges. Shoppen war angesagt! Vom karierten Tuch bis hin zum bunten T-Shirt, auf einmal war uns unser Kleidungsstil wichtig.

Die Nuklearkatastrophe von Fukushima

Am 11. März 2011 kommt es in Fukushima in Japan zu einem starken Erdbeben und einem dadurch ausgelösten Tsunami. In der Folge werden im Kernkraftwerk Fukushima Daiichi in vier von sechs Reaktorblöcken Kernschmelzen ausgelöst. Die freigesetzten radioaktiven Substanzen kontaminieren Luft, Boden, Wasser und Nahrungsmittel in der Region um Fukushima. Auch das Meer wird durch das Einleiten verseuchten Kühlwassers erheblich belastet. Ca. 150 000 Menschen müssen das Gebiet verlassen. Die Strahlenbelastung für die Menschen und ihre Folgen sind noch nicht abzuschätzen.

Die Katastrophe ist für mehrere Länder Anlass, den Ausstieg aus der Kernenergie anzustoßen oder voranzutreiben, so auch für Deutschland.

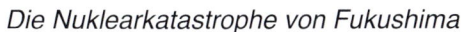

2012-2015

Die Welt steht uns offen!

Weitreichende Entscheidungen

Was ziehe ich morgen an? Wer hat sich diese Frage nicht schon mal stellen müssen? Es ist eine von vielen kleinen Entscheidungen, die wir täglich treffen müssen. Doch es gibt auch Entscheidungen, die weitreichender sind und welche es nur einmal zu fällen gilt: Welche weiterführende Schule möchte ich besuchen, welchen Schulzweig wählen? Was wird meine zweite Fremdsprache? Möchte ich konfirmiert werden, die Kommunion empfangen oder die Jugendweihe feiern? Wichtige Fragen, denen wir uns in diesem Alter stellen mussten. Einen großen Schritt in diese Richtung machten wir mit der Konfirmation, der Firmung oder der Jugendweihe. Bei der Konfirmation oder Firmung ging es in erster Hinsicht um das Bekenntnis zu Gott und die Erneuerung der Taufe. Wir

Chronik

Die Konfirmation war ein großes Fest für uns.

18. März 2012
Der parteilose Joachim Gauck wird nach dem Rücktritt Christian Wulffs zum Bundespräsidenten gewählt.

13. Januar 2012
Das Kreuzfahrtschiff Costa Concordia läuft vor der Insel Giglio auf einen Felsen und schlägt leck. 32 Menschen sterben.

28. Februar 2013
Papst Benedikt XVI. verzichtet aus Altersgründen auf sein Amt, ihm folgt der Argentinier Papst Franziskus.

Juni 2013
Die Enthüllungen des ehemaligen US-Geheimdienst-Mitarbeiters Edward Snowden lösen eine globale Überwachungs- und Spionageaffäre aus.

8. März und 17. Juli 2014
Ein Flugzeug der Malaysia Airlines mit 239 Menschen an Bord verschwindet spurlos. Ein weiteres Flugzeug der Malaysia Airlines stürzt im Grenzgebiet der Ukraine ab. Alle 298 Insassen sterben.

13. Juli 2014
Deutschland gewinnt die Fußballweltmeisterschaft in Brasilien.

7. Januar 2015
Bei einem islamistischen Terroranschlag auf die Redaktion des Satiremagazins Charlie Hebdo und einen jüdischen Supermarkt in Paris sterben 20 Menschen.

24. März 2015
Der Kopilot eines Airbus 320 der Lufthansatochter Germanwings bringt in den französischen Alpen das Flugzeug absichtlich zum Absturz. Alle 150 Insassen sterben, darunter 75 Deutsche.

25. April 2015
Bei starken Erdbeben in Nepal sterben mehr als 8600 Menschen, acht Millionen Menschen sind betroffen.

Juni/Juli 2015
Griechenland droht die Staatspleite und der Grexit (Euro-Austritt). Ein drittes Hilfspaket der EU wird geschnürt.

13. November 2015
In Paris werden mehrere Attentate durch Anhänger des IS verübt, mindestens 130 Menschen sterben. Die Anschläge richten sich gegen Besucher eines Fußballländerspiels, eines Rockkonzerts und gegen Gäste in Bars und Restaurants.

wurden nun offiziell als erwachsenes Gemeindemitglied anerkannt. Dies war ein ziemlich großer Tag für uns! Schon Monate vorher bereiteten wir uns auf diesen Tag vor, wir besuchten den Konfi- oder Firmungsunterricht, gingen in die Kirche und lernten unter anderem die zehn Gebote und das Glaubensbekenntnis auswendig.
Im Jugendweiheunterricht spielten nicht kirchliche Fragen eine Rolle, sondern der humanistische Gedanke, mit dem Ziel Toleranz, Akzeptanz und Glaubensfreiheit zu vermitteln.
Uns allen gemein war, dass wir vor unserem großen Fest Einladungskarten entwarfen, schöne Kleider oder Anzüge kauften und die Mädchen

sich vom Frisör aufwendige Frisuren zaubern ließen. Nach einem selbstgestalteten Gottesdienst oder einer festlichen Jugendfeier und unzähligen Fotos ging es mit unseren Gästen weiter zum Essen. Das allerdings etwas auf sich warten ließ, da noch einige Ansprachen zu unseren Ehren gehalten wurden. Mit unserem ersten „offiziellen" Glas Sekt stießen wir an und schließlich war das Festessen eröffnet. Anschließend gab es Kaffee und Kuchen. Mit vollen Bäuchen ließen wir den Tag gemütlich ausklingen und verabschiedeten gegen Abend unsere Gäste. Natürlich ging man an so einem besonderen Tag nicht leer aus. Auf einmal war das Konto gefüllt und auch andere kleine und große Geschenke erfreuten uns. Am Ende des Tages wünschte man sich, dass so ein Fest zu unseren Ehren nun jedes Jahr stattfinden würde.

Die NSA-Affäre

Im Juni 2013 macht der ehemalige IT-Spezialist für US-Geheimdienste, Edward Snowden, in der britischen Zeitung „The Guardian" und der amerikanischen „Wahington Post" öffentlich, wie Millionen von Internet- und Telefondaten vom US-amerikanischen Geheimdienst NSA und dem britischen Geheimdienst GCHQ ausgespäht werden. Er bringt damit die Regierungen in Washington und London massiv unter Druck. Als „Whistleblower" in seinem Heimatland der Spionage angeklagt, flieht Snowden nach Russland ins Exil.

Was angeblich der Terrorabwehr dienen soll, entpuppt sich als eine Spionageaffäre mit weitreichenden Folgen, der sogar die deutsche Kanzlerin zum Opfer gefallen ist. Auch normale Bürger werden ausgespäht, etwa 500 Millionen Verbindungen (Telefonate, SMS, Mails, Chats) sollen allein in Deutschland jährlich vom NSA überwacht werden, so der „Spiegel".

In der Spionageaffäre treten indes immer neue Enthüllungen ans Licht, auch andere Geheimdienste, sogar der deutsche BND sind darin verwickelt.

Größer, besser, schneller, teurer

Inzwischen besaßen wir unseren eigenen Laptop, den wir nicht nur für die Schule brauchten, um Präsentationen, Referate und Hausaufgaben vorzubereiten, sondern auch, um im Internet unterwegs zu sein, Musik herunterzuladen und Bilder abzuspeichern. Noch wichtiger als ein Laptop war ein Smartphone und zwar nicht irgendeins, sondern ein möglichst aktuelles Modell einer angesagten Marke! Die Smartphones wurden immer größer, besser, schneller, aber auch teurer. Jeder von uns besaß eins, sie waren nicht mehr wegzudenken. Apps wie WhatsApp erleichterten uns die Kontaktaufnahmen mit unseren Freunden und ersetzten soziale Netzwerke wie Facebook. Wir waren von nun an immer erreichbar, was sowohl Segen als auch Fluch zugleich war. Es war damit viel einfacher, sich zu verabreden und in Kontakt zu bleiben, allerdings wurden wir schnell süchtig nach unseren ständigen Begleitern. Auch der Gruppenzwang trieb immer mehr Leute dazu, sich ein Smartphone mit entsprechendem Vertrag zuzulegen. Man brauchte immer das neueste Modell, ob Samsung oder Apple, die Entscheidung fiel uns nicht leicht, da unser Smartphone einige Kriterien zu erfüllen hatte und lange technisch und optisch auf der Höhe sein sollte.
Das Smartphone war natürlich nicht nur dazu da, um sich mit seinen Freunden zu schreiben, es war vielseitig einsetzbar. Wir machten Selfies, hörten Musik oder spielten darauf Spiele.

Selfies machten wir immer und überall.

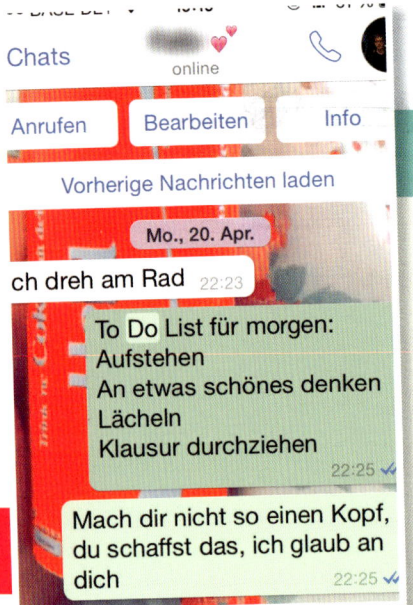

online

Anrufen | Bearbeiten | Info

Vorherige Nachrichten laden

Mo., 20. Apr.

ch dreh am Rad 22:23

To Do List für morgen:
Aufstehen
An etwas schönes denken
Lächeln
Klausur durchziehen
22:25 ✓✓

Mach dir nicht so einen Kopf,
du schaffst das, ich glaub an
dich 22:25 ✓✓

Über WhatsApp konnten wir uns alles sagen
und waren immer auf dem Laufenden.

In allen Netzwerken präsent

Im Laufe der Jahre entdeckten wir immer
mehr soziale Netzwerke für uns. War SchülerVZ gerade noch die Kommunikationsplatt-
form schlechthin, wurde es schon bald von
Facebook abgelöst. Spätestens mit 14 oder
15 Jahren hatten wir unser eigenes Facebook-
profil. Doch auch Facebook bekam immer
mehr Konkurrenz. Ob wir bei Instagram
unsere Fotos mit Freunden teilten oder auf
Twitter unseren Lebenslauf veröffentlichten, in
den sozialen Netzwerken waren wir immer up to date. Das hatte zwar auch
seinen Preis, denn wir verwendeten viel Zeit darauf, unsere Profile und Seiten
zu aktualisieren, aber es gehörte nunmal zu unserer Imagepflege.

Ohne WhatsApp ging schnell gar nichts mehr und wer nicht dabei war, war
außen vor! Die App, die bald von Facebook übernommen wurde, hat uns in
Windeseile begeistert und wurde zu unserem meistverwendeten Kommunikati-
onsnetz. Auch Snapchat, die App, bei der man Selfies, die nur für kurze Zeit
sichtbar sind, an seine Freunde schicken kann, ist von unseren Smartphones
nicht mehr wegzudenken.

Blogger und YouTuber

Im World Wide Web kannten wir uns ja schon länger gut aus, wir wussten, wo
man am besten Filme und Serien gucken konnte, welche Seiten „in" und
welche „out" waren. Eines der meistbesuchten Portale war YouTube. Für viele
von uns hatte dieses Videoportal mittlerweile das Fernsehen abgelöst. Auf
YouTube wurden normale Menschen plötzlich zu kleinen Internetstars, man
konnte ihr Leben im „Follow me around" verfolgen oder „Let's Plays" von
Spielen sehen, welche man selber vielleicht nie spielen würde. Viele bekannte
YouTuberInnen gaben Stylingtipps oder zeigten uns praktische „Life Hacks".

YouTube hatte aber noch viel mehr zu bieten, ob Lieder zur pq-Formel oder politische Diskussionen mit LeFloid, wir fanden zu jedem Thema etwas. Doch das Internet besteht ja schließlich nicht nur aus YouTube, wir shoppten auch gerne auf Amazon und Zalando oder zockten online mit unseren Freunden.

Zwischen On-Ear und Festival

Musik an, Welt aus. Das funktionierte für uns natürlich nur mit den richtigen Kopfhörern. Man wollte sich komplett von der Außenwelt abschotten und einige Minuten in Ruhe und Frieden genießen. Das ging am besten mit den sogenannten Muschelkopfhörern, den On-Ears oder gar Over-Ears, das komplette Ohr wurde von ihnen verdeckt und mit lauter Musik beschallt. Wer wünschte sich nicht die richtig guten, aber leider teuren Kopfhörer von Dr. Dre? Ein „must have" für viele von uns, aber auch fast unerschwinglich. Notfalls mussten die günstigeren Varianten anderer Hersteller herhalten. Übrigens waren die Kopfhörer, die es in allen Farben gab, nicht nur zum Musikhören geeignet, sondern machten, auf dem Kopf oder lässig um den Hals gehängt, auch als modisches Accessoire viel her.

Unser Musikgeschmack änderte sich mit dem Älterwerden natürlich: Lauschten wir vor zwei, drei Jahren noch Lena Meyer-Landrut, One Direction oder den Siegern von DSDS, entdeckten wir mittlerweile neue

On-Ear-Kopfhörer waren ein Muss, nicht nur der Musik wegen.

Musikrichtungen für uns. Eine weitverbreitete Musikszene war der Rap von Casper zu Trailerpark oder sogar Eminem. Unser Musikgeschmack schweißte uns zusammen. War unser Zimmer früher noch mit Plakaten von unseren Musikidolen zugekleistert, sparten wir nun eher auf die Karte für das nächste Konzert, um unsere Vorbilder live performen zu sehen. Auch Festivals begeisterten immer mehr von uns: mehrere Tage gute Musik und aufgeschlossene Menschen, Leben aus dem Koffer und von Weißbrot und Bier, ein Traum für jeden partybegeisterten Teenager.

Stellt euch bitte mal eine Party ohne Musik vor. Unmöglich! Auf jede gute Party gehört die richtige Musik, ob vom DJ oder aus der Box, Hauptsache tanzbar und laut. Von Hip-Hop und Rap über Techno, Elektropop zu Club, wir schwangen unseren Body zu jedem Lied. Und falls wir einen Song doch mal nicht kennen sollten, half uns Shazam, eine App, die auf keinem Smartphone fehlen sollte.

Der vierte Stern

Ein mediales und reales Highlight war für uns die Fußballweltmeisterschaft 2014, bei der unsere Nationalelf verdient den Pokal nachhause holte. Spätestens ab dem Achtelfinale verfolgten wir alle Spiele und zwar nicht alleine, sondern beim Public-Viewing, schwarz-rot-goldene Accessoires, Autokorsos und anschließende Jubelfeiern inklusive.

Schon Wochen vor der WM waren die Medien voll mit Berichten über unsere Spieler, über ihre Frauen, ihre Hobbys, über mögliche Aufstellungen, über die Gegner ... Im Turnier spielte sich die deutsche Elf ziemlich souverän durch die Gruppenphase. Und dann geschah das Unglaubliche: Im Halbfinale besiegte

Der Jubel ist groß!

unsere Mannschaft Gastgeber Brasilien mit 7:1! Nach dem fünften Tor wussten wir nicht mehr, ob wir lachen oder mit den Brasilianern weinen sollten. Aber nun stand fest, der Pokal will zu uns!

Am 13. Juli 2014 fieberten wir, ausgestattet mit Fahnen, Trikots und Tröten, gespannt beim Endspiel gegen Argentinien mit und feierten nach torlosen 112 Minuten lautstark den Sieg, als Götze mit dem linken Fuß das Siegtor schoss. Da das Endspiel auf einen Sonntagabend fiel und die Sommerferien noch nicht angefangen hatten, mussten wir leider fast alle am nächsten Tag in die Schule, die Feier musste also frühzeitig beendet werden. Manche Schulleiter hatten aber ein Einsehen und ließen ihre Zöglinge erst zur zweiten oder dritten Stunde anrücken.

Smart und casual – die Mode

Kennt ihr das: Ihr seht euch alte Fotos an und denkt euch: „Wie bin ich denn bitte damals rumgelaufen?!" Früher kleideten uns noch unsere Eltern ein: mit Schlaghose und irgendeinem bunten Oberteil dazu, wenn man Glück hatte, haben die beiden Teile auch mal zusammengepasst, allerdings gab es darauf

Geglättete Haare bei den Mädchen, gestylte Ponys bei den Jungen – so war der Look perfekt.

keine Garantie. Gäbe es eine Modepolizei, müssten unsere Eltern schon lange für uns haften. Mit 15, 16, 17 war das ganz anders, wir standen selber stundenlang vor unseren vollgestopften Kleiderschränken und fanden doch nichts zum Anziehen. Hatten wir dann endlich etwas gefunden, wurde kritisch geprüft, ob die Teile überhaupt zusammen-passten.

Wir trugen gerne Markenklamotten, Aber-crombie & Fitch, Hollister und Jack & Jones, nur leider gingen diese Sachen sehr auf unseren Geldbeutel und wir blieben vorerst doch bei H & M oder Primark. Mädchen trugen gerne „used look", aber auch bauchfrei im Sommer oder sportlich leger. Leggins oder Jeggins waren nicht mehr wegzudenken, sie waren bequem und mit fast allen Klamotten kombinierbar. Große Schlauchschals galten im Winter als „must have" und knappe Hotpants im Sommer. Zu jedem perfekten Outfit gehört natürlich auch der perfekte Schmuck: Statementketten, Ohrringe, klobige Uhren und immer größer werdende Handtaschen bzw. Shopper. Die Brillenträger unter uns trugen schwarze, kantige und dickrandige Modelle, die uns eine gewisse Strenge und Intellektualität ins Gesicht zauberten. Sonnen-brillen waren sowieso unverzichtbar: groß und auffällig mussten sie sein im Sixties-Stil oder in der klassischen Ray-Ban- oder Pilotenform. Ein weiterer Trend waren Nike Air oder Adidas Superstar, sowohl Mädchen als auch Jungs trugen diese sportlichen, bequemen Schuhe.

Auch die Jungen legten auf Mode viel Wert: ob schmale Chinohose, tiefsit-zende Jeans, kariertes Holzfällerhemd oder lässiges Shirt: Auf den Schnitt und die Farben kam es an. Und was wie zufällig und nach Understatement aussah, war doch sorgsam ausgewählt und kombiniert.

Ebenso wurde bei den Frisuren nichts dem Zufall überlassen. Viele Jungs achteten sehr darauf, wie ihre Haare „lagen". Die vor wenigen Jahren noch angesagten langen Haare und Zöpfe waren ab, kurzes Haar war in: Entweder oben wuschelig, mit Tolle oder den Pony mit ein bisschen Gel glatt über die Stirn gelegt – wofür manchmal auch das Glätteisen der Schwester herhalten musste – oder keck nach vorne bzw. oben modelliert.

Bei Mädchen waren ponylose lange, glatte Haare sehr beliebt, da man mit diesen viele Frisuren ausprobieren und tragen konnte. Deshalb besaßen fast alle Mädchen ein Glätteisen, mit dem sich die Haare komplett glätten oder auch Locken für die nächste Party machen ließen. Eine Blumenspange oder eine kleine seitlich geflochtene und festgesteckte Haarsträhne komplettierten den Look.

Party, Liebe, Freundschaft

„Du bist spätestens um zwölf wieder zuhause!" Ein Satz, den bestimmt schon jeder von uns gehört hat. Wir waren jetzt in einem Alter, wo wir unsere neu gewonnenen Freiheiten ausnutzen wollten, wir wollten auf viele verschiedene Feste, Partys und Kirmessen gehen, trinken, reden, lachen. Wir wollten zu guter, lauter Musik tanzen und neue Leute kennenlernen. Leider waren unsere Eltern nicht ganz so glücklich darüber; sie schrieben uns Ausgehzeiten vor, machten sich Sorgen und wünschten sich, dass wir gar nicht erst losgingen. Doch wir ließen uns nicht von unseren Planungen abbringen. Wir feilten an unseren Überredungskünsten, mussten gucken, wie wir zur Party und wieder nachhause kamen, wir brauchten einen Muttizettel und genug Geld für den ganzen Abend. Je weiter weg die Party, umso besser musste die Planung sein.

Beim Feiern entstanden natürlich meistens die besten Bilder. Ob Gruppenselfies bei Trinkspielen oder beim Tanzen: Die Bilder waren immer für einen Lacher gut.

Auf Partys lernte auch so mancher seine erste große Liebe kennen. Die erste längere Beziehung und vielleicht auch der erste Liebeskummer … Wir waren in einem Alter, wo das Thema

Die Party ist vorbereitet.

Stimmung kommt auf.

Liebe eine große Rolle spielte. Irgendwann stellten wir unseren neuen Partner unseren Eltern vor, was nicht immer ganz ohne Blamagen ablief. Eltern können schon verdammt peinlich sein!

Natürlich durfte man über das Verliebtsein seine alten Freunde nicht vergessen! Dadurch, dass wir nicht mehr im Klassenverband lernten, sondern jetzt in der Ausbildung waren oder in der Oberstufe in verschiedenen Kursen saßen, haben sich frühere Cliquen aufgelöst, aber auch viele neue Freundschafen gebildet. Man saß zusammen, redete über die neuesten Geschehnisse, ging shoppen oder feiern. Bei aller Liebe: Ein Leben ohne Freunde wäre unvorstellbar!

Ich packe meinen Koffer mit …

Das erste Mal verreisen ohne Eltern – was für ein Gefühl! Mit der Jugendgruppe nach Kroatien, mit Freunden nach Spanien, mit den Pfadfindern nach England, es gab viele Angebote und Möglichkeiten, wir mussten nur unsere Eltern überzeugen. Doch auch hier gab es Entscheidungen zu treffen: Was kommt in meinen Koffer? Hab ich alles, was ich brauche? Wird auch wirklich alles klappen? Wir mussten jetzt die Verantwortung für uns selber tragen, wir mussten wissen, wie wir von Ort zu Ort

Die Reise kann losgehen.

Familienurlaube wurden seltener, Jugendreisen waren angesagt.

kommen, wie viel Geld wir brauchen ... Das war gar nicht so leicht, doch wir sind ja eine schlaue Generation und meisterten auch diese kleinen Problemchen. Natürlich waren wir schon früher ohne Eltern unterwegs, auf Freizeiten und Klassenfahrten in Jugendherbergen oder bei Austauschfahrten in Gastfamilien, z. B. in Frankreich, Spanien oder Skandinavien, doch das erste Mal richtig Urlaub ohne Erwachsene war etwas ganz anderes. Niemand, der dir sagt, was du dir unbedingt angucken musst oder dass du auch ja die Sonnencreme nicht vergessen darfst, wann du wieder da sein musst oder was du nicht tun darfst. Einfach mal abschalten und die Beine hochlegen, herrlich, oder? Na ja, der Abwasch macht sich auch nicht von alleine und die Planung ist gar nicht so einfach wie gedacht.

Flüchtlingskrise in Europa

Aufgrund von anhaltenden Kriegen und Krisen vor allem in Afrika und dem Nahen Osten sowie von Armut in vielen Ländern sind weltweit 60 Millionen Menschen auf der Flucht. Politisch verfolgt, vertrieben, dem Bürgerkrieg entflohen oder aus wirtschaftlicher Not kommen täglich tausende Flüchtlinge aus Syrien, dem Irak, Afghanistan, Eritrea, Somalia, aber auch aus dem Kosovo, Albanien und Serbien nach Europa. Mit falschen Papieren und der Hilfe von professionellen Schleppern kommen die Flüchtlinge meist in kleinen Booten über das Mittelmeer oder zu Fuß über den Balkan. Tausende sterben auf der Flucht.

Hilflos und uneinig reagieren die EU-Staaten auf den Zustrom von Asylsuchenden.

Die europäischen Außengrenzen werden mit Grenzzäunen, Wärmebildkameras und Grenzpatrouillen immer stärker abgesichert, doch das kann die Flüchtlingsströme nicht stoppen. Vor allem Deutschland und Schweden nehmen Abertausende Menschen auf und machen mit einer neuen Willkommenskultur von sich reden, während viele EU-Mitgliedstaaten mit einer restriktiven Flüchtlingspolitik ihre Unterstützung verweigern. Eine Verteilung der Flüchtlinge auf alle 28 Mitgliedsstaaten auf freiwilliger Basis wird von vielen Ländern abgelehnt. Die EU als Werte- und Solidargemeinschaft steht vor einer Zerreißprobe. Eine Lösung der Problematik ist nicht in Sicht.

Führerschein mit 17

Als Teenager hatten wir uns bei Autofahrten bereits von der Rückbank auf den Beifahrersitz vorgearbeitet. Nun wollten wir allmählich auf den Fahrersitz und selber fahren. Manche sammelten ihre ersten Fahrerfahrungen schon mit 15, 16 mit einem Motorroller oder einem Motorrad. Mit 17 waren wir tatsächlich alt genug, um unseren Autoführerschein zu erwerben. Diese Chance ließen sich die meisten von uns nicht entgehen. Zuallererst mussten wir uns für die richtige Fahrschule entscheiden, das war gar nicht so einfach, die Ausbildung sollte gut sein und dennoch nicht zu teuer. Hatte man dann endlich die perfekte Fahrschule für sich gefunden, begann der Theorieunterricht. Die ersten Fragebögen warteten schon auf uns und wurden mit einer unglaublich hohen Anzahl an Fehlerpunkten bearbeitet. Nach und nach sank jedoch der Fehlerquotient und wir erlebten kleine Erfolge. Nach einigen Theoriestunden war es dann endlich so weit, wir durften hinters Steuer! Für einige von uns war es das erste Mal, andere hatten es schon mit den Vätern auf einem Übungsplatz probiert, und auch hier machten wir viele Fehler, aber es ist ja auch noch kein Meister vom Himmel gefallen! Unzählige Überlandfahrten, Nachtfahrten und sogar eine Autobahnfahrt standen uns bevor, bis der Fahrlehrer endlich der Meinung war, wir seien reif für die Prüfung. Bevor wir die jedoch ablegen durften, mussten ein aktuelles Passbild, ein Sehtest und die Erste-Hilfe-Kurs-Bescheinigung vorgelegt werden. Die Anspannung vor diesem wichtigen Test war unglaublich, man musste dreißig Fragen beantworten und durfte höchstens zehn Fehlerpunkte machen. Hatten wir die theoretische Prüfung bestanden, duften wir die Fahrprüfung ablegen, vor der wir noch viel aufgeregter waren. Nach glücklich bestandener Prüfung bekamen wir den Führerschein, na ja, eigentlich erst ein provisorisches kleines

Stück Papier, ausgehändigt. Wir waren überglücklich und durften jetzt, bis wir 18 wurden, in Begleitung unserer Eltern fahren und ab 18 endlich auch alleine. Einen großen Schritt in Richtung Selbstständigkeit und Erwachsenwerden haben wir damit gemacht, nun galt es noch, die Weichen für unsere Zukunft zu stellen.

Ausbildung oder Abitur, Stellensuche oder Studium?

Als Jugendliche und fast Erwachsene standen wir immer häufiger vor wichtigen Entscheidungen: Angefangen von der Wahl unseres Schulabschlusses – wollten wir nach der 10. Klasse die Schule verlassen oder noch das Abitur anstreben? – über die Wahl, was wir nach der Schulzeit machen wollten: Ausbildung, Auslandsjahr, Praktikum, FSJ, Studium …? Es gab so viele Möglichkeiten und es lag an uns, die passende für uns zu finden.

Hatten wir uns für einen Weg entschieden, wurde es immer noch nicht einfacher: Was möchte ich beruflich machen? Wo kann ich mich bewerben? In welches Land möchte ich gehen und was will ich dort tun? Welches Profil ist das richtige für mich? Was und wo möchte ich studieren?

Der Stress wurde einfach nicht weniger, doch wir ließen uns nicht unterkriegen. Schließlich gab es ja auch viel zu feiern: Den Führerschein, das Ende unserer Ausbildungszeit oder das Abitur und natürlich unseren 18. Geburtstag, den wohl vorerst wichtigsten Meilenstein in unserem Leben. Nun standen uns viele Türen und Tore offen. Die Zukunft lag vor uns, wir mussten sie nur gestalten!

Tschüss Kindheit, hallo Zukunft!